拜德雅
Paideia

eons
艺 文 志

星期五不上班

［英］威尔·斯特朗（Will Stronge）
［英］凯尔·刘易斯（Kyle Lewis） ｜ 著

重命名小组 ｜ 译

上海文艺出版社

目 录

致　谢　/iii

导言：一场与资本主义一样古老的斗争　/1

工作时间仍然是个问题　/5

当今工作的危机　/9

一项多重"红利"的政策　/17

1　生活于工作至上的社会中　/21

时间、自由和工作　/25

劳动至上的社会　/29

工作场所的暴政与人类的贫困化　/33

2　未开发的潜力：节省劳动力的技术与人类繁荣　/41

凯恩斯主义的常识　/43

凯恩斯的失误：低估"经济理性"　/46

让技术服务于自由　/48

解放人类潜能　/52

　　抛给社会主义者的问题　/56

3　属于女性的时间与更短的工作周　/67

　　家是心之所在的地方　/70

　　就业，性别和时间　/73

　　"两班倒"和女性的时间贫困　/79

　　为家务劳动付薪：将时间留给自己　/82

　　朝向更公平的工作和时间分配方案　/85

4　是时候关注环境了　/89

　　改变衡量标尺　/92

　　通过减少工作来降低碳足迹　/94

　　绿色新政：创造更好的工作生活的机会　/97

　　减少工作既必要又诱人　/108

5　争取缩短工作周的斗争　/115

　　社会运动：少工作可以拯救地球和我们的未来　/120

　　工会：该重新激活它们的昔日辉煌了　/125

　　政党：构建权力，提供希望　/130

- 致 谢 -

我们要感谢在过去三年中所有曾加入过自治智库（Autonomy）的员工和成员：正是因为有了这个组织，才有了这本书。我们也要感谢本书编辑约翰·梅里克（John Merrick）的耐心及贡献。

导 言
一场与资本主义一样古老的斗争

我们许多人都把每周从周一工作到周五视为正常或自然的，可实际上这是一项社会和历史成就，而且这项成就很多地区还未曾实现——许多地方的工人昼夜不停地劳作，一周工作 7 天，然而却收入微薄。我们在全球北方（Global North）[1]大部分地区享有的闲暇时间是 19、20 世纪的劳工们争取到的胜利成果。澳大利亚的石匠在 1856 年率先赢取了每天 8 小时的工作制。[2] 在建设不断扩张的墨尔本时，詹姆斯·斯蒂芬斯（James Stephens）和他的同事们受够了每天工作 10 小时的艰苦生活，因此，在一次建筑工人会议上，他们得出结论："是时候在建筑行业引入 8 小时工作制了。"[3] 不过，这一要求可不仅仅停留在口头上。4 月 21 日，斯蒂芬斯和同事们离开了修建墨尔本大学的工作岗位，开始

---

[1] 意指经济和政治上较为发达的国家，因通常位于北半球，故有此概念。——译者注

[2] 来自新西兰（译按：也作 Aotearoa，这是毛利人对新西兰的传统称呼。）的木匠塞缪尔·帕内尔（Samuel Parnell）在这方面稍稍领先于澳大利亚的石匠们，他在 1840 年初从雇主那里争取到了 8 小时工作制。

[3] Sparrow, J. and Sparrow, J., *Radical Melbourne* (Carlton North, Victoria: Vulgar Press, 2001).

向着贝尔维迪尔酒店（Belvedere Hotel）游行，途中还召集了其他建筑工人加入他们的行列。最后，他们展现了自己的实力，还在酒店举办了宴会。宴会上，体力劳动者们纵情狂欢，庆贺他们能站在一起。据当地《先驱报》（*Herald*）报道，经过数月与雇主的谈判，他们的诉求被满足了：

> 至少在所有建筑行业中，[石匠们]不费吹灰之力就成功地执行了[8小时工作制]。雇主们发现有必要……作出让步，甚至没有任何异议；我们相信，他们会同意支付与之前10小时劳动时相同的工资。[1]

对工人这一历史性胜利的庆祝活动——最初被称为"8小时游行"——持续了95年，并最终与国际"劳动节"的庆祝活动同期进行。

石匠的例子——以及历史上许多关于工作时间的斗争——至少可以告诉我们两件事：第一，我们很少——甚至不可能——依靠他人的施舍，从苦工

1　Ibid.

中得以解脱，获取自由；只有提出诉求和斗争，才有可能获得这种自由。第二，无论在何种形式的职业中，无论在资本主义的哪个时期，缩短工作时间都是劳动人民的热望。当时的石匠们很清楚——我们现在也很清楚——能够放松、与所爱的人共度时光、从事自主活动并从老板那里获得自由，都是人之为人的基本要素。毕竟，时间就是生命。

工作时间仍然是个问题

不过，这场关于工作时间的斗争并没有过去。争取缩短每周工作时间再次进入了政治议程。近些年来，全球北方的政治家们重启了这场政治辩论，其中就包括美国的亚历山德里亚·奥卡西奥-科尔特斯（Alexandria Ocasio-Cortez）、芬兰的桑娜·马林（Sanna Marin）、英国前影子财政大臣（Shadow Chancellor）[1] 约翰·麦克唐奈（John McDonnell）

---

[1] 指英国议会中主要反对党若执政时会成为财政大臣的人。——译者注

和新西兰的雅辛达·阿德恩（Jacinda Ardern）。[1]像德国的金属工业工会（IG Metall）、英国的传媒行业工会（Communication Workers Union）和爱尔兰的福尔萨[2]这样的工会——都曾在新冠肺炎大流行（Covid pandemic）并造成大规模失业之前发起过减少工时的运动。此后，甚至更多的工会加入了这一行列。在世界各地，不同的企业——大到在日本拥有两千多名员工的微软[3]，小到伦敦一家小型

---

1 参见 Kelly, J. "Finland Prime Minister's Aspirational Goal of a Six-Hour, Four-Day Workweek: Will It Ever Happen?", *Forbes*, 2020。可查阅 https://www.forbes.com/sites/jackkelly/2020/01/08/finlands-prime-ministers-aspirational-goal-of-a-six-hour-four-day-workweek-will-this-ever-happen。也可参见 Elliott, L., "John McDonnell pledges shorter working week and no loss of pay", The Guardian, 2019. 可查阅 https://www.theguardian.com/politics/2019/sep/23/john-mcdonnell-pledges-shorter-working-week-and-no-loss-of-pay。

对于雅辛达·阿德恩，参见 Roy, E., "Jacinda Ardern flags four-day working week as way to rebuild New Zealand after Covid-19", *The Guardian*, 2020。可查阅 https://www.theguardian.com/world/2020/may/20/jacinda-ardern-flags-four-day-working-week-as-way-to-rebuild-new-zealand-after-covid-19。

2 Fórsa，盖尔语里指"力量"或"群体"。

3 Paul, K., "Microsoft Japan tested a four-day work week and productivity jumped by 40 per cent", *The Guardian*, 2019. 可查阅 http://www.theguardian.com/technology/2019/nov/04/microsoft-japan-four-day-work-week-productivity。

的桌游公司[1]——都在不减少员工工资的情况下,接受了他们每周更短的工作时长。缩短每周工作时间不再是一项处于边缘的社会运动,相反,它是过去十年来社会主义政治复兴的一个核心方面。

从某种意义上说,公众对工作时间的新一轮关注并不奇怪:毕竟,它是我们所有人生活中的一个结构性因素。社会中的每个人都必须以某种方式认真思考自己每周的工作时长——无论他们是受雇于人、自雇还是从事无偿的家务劳动;无论他们是工作时间过长、工作时间不足还是根本找不到工作。工作定义了并决定着我们的一生,从年轻一直到晚年。

我们应该注意到,在本书中,我们将主要从受雇佣劳动(employment)的角度来讨论工作时间,而且主要是在全球北方的背景下。当然,这并不意味着其他形式的工作或全球南方(Global South)的工作对讨论不重要——远非如此。事实上,在接

---

[1] Fox-Leonard, B., "Fitter, happier, more productive: what it's really like to work for a company where no one does a five-day week", *The Telegraph*, 2020. 可查阅 http://www.telegraph.co.uk/family/life/fitter-happier-productive-really-like-work-company-no-one-does。

下来的章节中,我们会将关于无偿工作和"影子工作"("shadow work")[1]的讨论从不同的方面整合进我们的论点中。同时我们指出,那些用来理解全球供应链的理论和经验资源会提供更多关于这些劳动现象的分析。人类活动的其他商品化形式——如奴隶制——长期以来一直与雇佣劳动[2]一起为资本主义经济提供动力,不仅在物质上——有时甚至在同一工作场所内——而且在不同大陆之间的同一价值链[3]内同时存在。[4]我们也不应忘记或忽视这样一个事实——奴隶制至今依然未从世界上消失。[5]

---

[1] 指那些没有报酬、通常在业余时间完成的工作,如家务、照顾孩子等。——译者注

[2] 指劳动者通过出售自己的劳动力来获取工资作为报酬的劳动形式。——译者注

[3] 指生产产品或提供服务的一系列阶段,每个阶段都为产品或服务增加价值,最终销售给消费者。——译者注

[4] Gopal, P., *Insurgent Empire: Anticolonial Resistance and British Dissent* (London: Verso Books, 2019); Ramdin, R., *The Making of the Black Working Class in Britain* (London: Verso Books, 2017).

[5] Kara, S., *Modern Slavery: A Global Perspective* (New York: Columbia University Press, 2017).

当今工作的危机

目前,缩短每周工作时间的运动方兴未艾,而这是在劳动力市场低迷的背景下发生的。如果说"努力工作"曾经能确保你的境况得到改善,那么现在,这一点已远不能得到保证了。在过去的几十年里,工资在国民收入中所占的比例不断下降,而资本所占的比例却不断上升,这意味着,仅仅通过拥有股票或住房等资产,你就获得了通往经济成功的捷径;"挣钱谋生"已成为一个不合时宜的短语。

研究表明,随着时间的推移,在全球范围内,资本份额越高(劳动份额越低),个人收入分配的不平等程度就越高。[1] 就当下英国的情况而言,约12%的人口拥有50%的私人财富。[2] 这就不难理解,一些人将这种新的经济形式称为"食利者资本主义"

---

[1] "Piketty T., *Capital in the Twenty-First Century* (Harvard: Harvard University Press, 2014)."

[2] ONS, "Total Wealth in Great Britain: April 2016 to March 2018", 2019. 可查阅 http://www.ons.gov.uk/peoplepopulationandcommunity/personaland-householdfinances/incomeandwealth/bulletins/totalwealthingreatbritain/april2016tomarch2018。

("rentier capitalism")[1]。在这种经济形式中,继承财富或仅仅是拥有资产的人兴旺发达,而大部分人却"劳而无获"。[2]

工人们还在以更隐性的方式遭受着不公平的待遇。他们长时间无偿加班[3];通勤时间甚至比十年前更长[4];实际收入比十多年前更低[5];并且正在遭受严重的在职贫困(in-work poverty)[6]。本世纪以来,不稳定工作——那些无法保障生计的工作——的数量急剧上升,2017 年签订的零工时合

---

[1] 目前用于描述寄生性垄断某种财产,并在不对社会做出贡献的情况下获取大量利润的经济行为。——译者注

[2] Christophers, B., *Rentier Capitalism: Who Owns the Economy, and Who Pays for It?* (London: Verso, 2020); Standing, G., *The Corruption of Capitalism: Why Rentiers Thrive and Work Does Not Pay* (London: Biteback, 2017).

[3] TUC, "Workers in the UK put in more than £35 billion worth of unpaid overtime last year – TUC analysis", 2020. 可查阅 http://www.tuc.org.uk/news/workers-uk-put-more-ps35-billion-worth-unpaid-overtime-last-year-tuc-analysis。

[4] TUC, "Annual commuting time is up 21 hours compared to a decade ago, finds TUC", 2019. 可查阅 http://www.tuc.org.uk/news/annual-commuting-time-21-hours-compared-decade-ago-finds-tuc。

[5] Cribb J. et al., "Living standards, poverty and inequality in the UK", 2018. Institute for Fiscal Studies.

[6] Hick R. and Lanau A., *In-work Poverty in the UK* (Cardiff: Cardiff University, 2017).

同（zero-hours contract）¹超过100万份，而这虚假的"自雇工作"剥夺了工人们的基本权利。²有迹象表明，新冠肺炎的大流行只会加剧"非标准"工作的增加。户户送（Deliveroo）³和亚马逊（Amazon）——这两家公司都是声名狼藉的差劲雇主——宣布有数千个新工作岗位被创造出来，部分原因是高街零售商（high street retailers）⁴和食品店由于疫情封锁而关闭。⁵除了一些人没有体面的工作，还有很多人因工作而过度劳累。根据英国政府的统计数据，英国一半以上的病假都源于工作上的压力、焦虑或抑郁，而工作量是造成这些痛苦的

---

1 指这样一种雇佣合同，雇员没有固定的工作时间，雇主根据需要提供工作，雇员只在实际工作时获得报酬。——译者注

2 ONS, "Contracts that do not guarantee a minimum number of hours: September 2017", 2017. 可查阅 http://www.ons.gov.uk/employmentandlabourmarket/peopleinwork/earningsandworkinghours/articles/contractsthatdonotguara。

3 一家英国外卖公司。——译者注

4 指在城市或市区主要商业街上经营的零售商，通常指规模较大、知名度较高的连锁店或百货公司。——译者注

5 BBC, "Amazon to create 7,000 UK jobs", 2020. 可查阅 http://www.bbc.co.uk/news/business-54009484#:~:text=Online per cent20retail per cent20giant per cent20Amazon per cent20has, workforce per cent20to per cent20more per cent-20than per cent2040 per cent2C000。

首要原因。[1]

传统上,劳工组织的职责就是防止劳动状况的退化,并推动建立一个更美好的工作世界。在我们了解到的工作时间大幅减少的时期——英国和美国处在战时的那几年——工会的成员人数众多,并且所要求的职权范围也很激进,这绝非偶然。而到了1980年代,一项持续的政治计划在全球北方的大部分地区展开,目的在于摧毁工人的集体力量。在此之后,工人原本应该拥有的,关于劳动力市场如何运转以及在谁的利益下运转的发言空间被严重挤压。英国连续出台的《就业法》(Employment Act, 1980)和《工会法》(Trade Union Act, 1984)等倒退性劳动立法,以及目前未能取缔的优步(Uber)和户户送等平台所实施的虚假自雇行为,都导致了渐进式劳动力市场改革的流产。这也意味着工会曾经提出的减少工作时间的传统要求越来越远离主流议程。

据估计,目前在欧洲范围内,英国是集体谈判

---

[1] HSE, "Work-related stress, anxiety or depression statistics in Great Britain", 2019. 可查阅 http://www.hse.gov.uk/statistics/causdis/stress.pdf。

（collective bargaining）[1]覆盖率第二低的国家。[2]与1960年代和1970年代超过70%的覆盖率相比，如今，英国的集体谈判覆盖率可能低至20%。[3]这一下降在很大程度上是由敌对政策造成的：甚至连托尼·布莱尔（Tony Blair）[4]也曾说过，英国的工会法是"西方世界中限制最严格的"。[5]

简而言之，现代工作——尤其，但不限于在美国和英国的工作——无论是在工作条件、可供选择的工作类型方面，还是劳动者在工作场所的决策权方面都达到了新低。也许从这个意义上，我们再一次接近了弗里德里希·恩格斯（Friedrich Engels）于1845年出版的《英国工人阶级的状况》（*Conditions of the Working Class in England*）一书：这项令人震

---

[1] 即工人代表和雇主代表为确定就业条件而进行的持续谈判过程。——译者注

[2] Fulton, L., *Worker Representation in Europe* (Labour Research Department and ETUI, 2013).

[3] IER, *A Manifesto for Labour Law: Towards a Comprehensive Revision of Workers' Rights* (London: Institute of Employment Rights, 2016).

[4] 前英国首相，1997—2007年在任。——译者注

[5] IER, *A Manifesto for Labour Law: Towards a Comprehensive Revision of Workers' Rights* (London: Institute of Employment Rights, 2016).

惊的调查展示了维多利亚时期英国工人阶级所遭受的极端贫困和社会剥夺（social deprivation）[1]。但可悲的是，在2018年联合国一项关于英国极端贫困人口和人权状况的考察报告中，我们发现，恩格斯的作品也是当下现实的写照。该报告的作者，菲利普·奥尔斯顿（Philip Alston）教授，明确阐述了劳动力市场和支撑它的社会保障体系是如何导致极端贫困和社会剥夺的：

> 有1400万人生活在贫困之中，占总人口的五分之一。其中400万人的收入不足贫困线所规定收入的50%，150万人赤贫，无法负担基本的生活必需品。广受认可的财政研究所（Institute for Fiscal Studies）预测，2015—2022年，儿童贫困率将上升7%，而各种资料来源预测那时儿童贫困率将高达40%。在21世纪的英国，几乎每两名儿童中就有一名是贫困儿童，这不仅是一种耻辱，也是一场社会和经济

---

[1] 指个体与社会其他成员之间文化正常互动的减少或阻止。——译者注

的双重灾难。[1]

恩格斯在描绘维多利亚时代的英国生活时所勾勒的许多令人心酸的故事都在奥尔斯顿关于最低工资工作和福利"支持"的报道中重演，对此的集中体现便是福利支付方式"通用福利金"（Universal Credit）[2]的推出。工作不再能减轻贫困、为公民提供自由和安全。在21世纪的英国，工作的特点是无保障的合同、惩罚性的监视和无法满足基本生活需求的工资：

> 低工资、无保障的工作和零工时合同意味着，即使失业率创下新低，仍有1400万人处于贫困之中……一位牧师说："我们食物银行（food bank）接济的大多数人都有工作……护

---

[1] Alston, P., *Statement on Visit to the United Kingdom, by Professor Philip Alston, United Nations Special Rapporteur on extreme poverty and human rights*, 2018. 可查阅 http://www.ohchr.org/Documents/Issues/Poverty/EOM_GB_16Nov2018.pdf, p. 1。

[2] 指英国将多种福利支付合并为一种统一的支付方式的福利制度。——译者注

士和教师都在接受食物银行的接济。"[1]

在这种情况下,过度工作(overwork)就成了生存的必要条件,这就是英国人工作时长位居欧洲第三的原因。[2] 我们对工作的执着在很大程度上取决于某种特定的文化规范和受限的政治想象力,在这种规范和想象力中,工作不仅本身就被认为是一种好事,而且还是个人健康和社会福祉得以达成的条件。大卫·弗雷恩(David Frayne)将此称为"工作信条"("employment dogma"),这种信条经常将工作和健康联系起来,并让其看起来天然对人类的繁荣发展有所裨益。[3] 然而,历史清楚地表明,如果没有重要的集体组织活动和政治监管约束,劳

---

1 Alston, P., *Statement on Visit to the United Kingdom, by Professor Philip Alston, United Nations Special Rapporteur on extreme poverty and human rights*, 2018. 可查阅 http://www.ohchr.org/Documents/Issues/Poverty/EOM_GB_16Nov2018.pdf, p. 17。

2 Skidelsky, R., *How to Achieve Shorter Working Hours* (London: Progressive Economy Forum, 2019). 可查阅 http://www.progressiveeconomyforum.com/wp-content/uploads/2019/08/PEF_Skidelsky_How_to_achieve_shorter_working_hours.pdf。

3 Frayne, D., *The Work Cure: Critical Essays on Work and Wellness* (Monmouth: PCCS Books, 2019), p. 122.

动力市场就无法提供一个强有力的机制以保障我们的经济安全和自由,对每个人来说都是如此。

因此,我们必须认识到,仅凭就业还不能被看作是为个人提供健康和经济保障的充分条件。只有当工作能够提供社会条件,使全人类能够相互合作、合理安排时间、获得尊严感,并获得必要的物质手段以便生活在安全且有保障的环境中时,工作才能被认为是帮助人类繁荣发展的充分条件。

一项多重"红利"的政策

在倡导缩短每周工作时间的议题上,鲁特格·布雷格曼(Rutger Bregman)提出了颇具挑衅意味的问题:"减少工作时间究竟能解决什么问题?或者最好把这个问题反过来问:有没有什么问题是减少工作时间解决不了的?"[1]在本书的各章节中,我们都试图强调每周工作时间的减少是如何对我们的

---

[1] Bregman, R., "The solution to just about everything: Working less", *The Correspondent*, April 2016. 可查阅 http://www.thecorrespondent.com/4373/the-solution-to-just-about-everything-working-less/168119985-db3d3c10。

社会产生多重有益影响的。

缩短每周工作时间不仅仅是对工作的干预,它也与女性主义相关:它有助于平等分配家庭中的有偿劳动和无偿劳动,而后者通常由女性负责。同时它也是一项绿色政策:通过减少工作时间,我们可以为实现经济的快速减碳(decarbonisation)提供支柱性力量,而这也将会对许多其他领域产生深远影响。

19世纪和20世纪初的石匠和服装厂工人的例子告诉我们,关于工作时间的斗争在资本主义中很常见;他们还告诉我们,在减少工作时间的斗争中所获得的胜利会产生长期影响,以至于今天我们将之视为理所当然。现在,这场争取自由的斗争同样摆在了21世纪工人的面前,摆在了那些行政助理、呼叫中心工作人员、教师、护理工、仓库操作员以及仍然从事制造业的工人面前。

自罗斯福总统的新政将工时上限纳入美国立法以来已经过去了80多年;自英国将每周工作40小时确立为新的标准以来,也已经过去了70多年。从那时起,世界发生了剧烈而迅速的变化。新的技术和商业战略塑造了我们的工作场所和生活,关于经济的意识形态也在不断更替,然而我们的工作时间却基本保持不变,甚至有所增加。

这种长期被推迟的进步告诉我们,工作时间的减少并不是自然而然发生的,也不是靠自动化的魔法或站在工业巨头肩上就能实现的。恰恰相反,工作时间是,而且一直是,一个与社会财富和权力分配有关的政治问题。一旦我们的工作方式不再被视为理所当然——这也是本书希望有所贡献的一个领域——并且我们对经济走向有了更大的决策能力,那么如何工作以及工作多长时间的问题就会来到我们面前。

我们应该继续接受工作在我们生活中所占据的主导地位吗?我们能想象出一种不同的、更加平等的、为了我们自己而进行的工作方式吗?最关键的是,我们如何才能做到?接下来的各章都会告诉我们:现在是我们迈出下一步,将自由置于工作之上,将生活置于工作之上,并再次缩短每周工作时间的时候了。

1

生活于工作至上的社会中

被过度使役的奴隶发出疲惫的叹息,他们被无情地剥削,被视为有生命的工具,或载重的牲口;中世纪的农奴被死死束缚在土地上,终生被囚禁在领主的领地上,屈从于领主反复无常的欲望或愤怒;现代的雇佣奴隶,除了出卖劳动力之外一无所有,他用男子气概包裹自己,在世界市场上混一口粥:奴隶制的这三个阶段,每一个阶段都不可避免又无法回避,它们将耗尽奴隶制的可能性,而人类最终将有闲暇和意愿真正像人一样生活,而不是像牲口一样灭亡。[1]

1912年,在英国工人运动的一个斗争高潮期间,南威尔士矿工非官方改革委员会(Unofficial Reform Committee of the South Wales Miners)发表了一份强有力的宣言,作者包括矿工和工会领袖诺亚·阿布拉特(Noah Ablett)以及 A. J. 库克(A. J.

---

[1] Reform Committee of the South Wales Miners, "The Miners' Next Step", in Coates, K. and Topham, T. (eds) *Workers' Control* (London: Panther Books, 1970), pp. 23-4.

Cook)、威廉·亨利·梅因沃林（William Henry Mainwaring）等人，他们在宣言中描绘了采矿业未来发展的道路。宣言中的决心和乌托邦式的希望，在今天仍能激起我们对一个超越劳作和苦役的世界的向往。不过，宣言中有一点很引人注目，甚至显得不合时宜。在这篇激情洋溢、混合了马克思主义和工团主义（Syndicalism）精神的文章中，作者倡议的不仅是有更好的工作，更是希望未来我们可以完全不再被迫为工资而工作。

资本主义在大约四百年前出现，对于自由时间的抗争一直与它如影随形。这是为什么呢？为什么时间会成为冲突、谈判和争夺的重要场域？答案主要在于我们最基本的经济运行方式。我们不再处于埃里克·霍布斯鲍姆（Eric Hobsbawm）所谓的"资本时代"，那个时代的典型特征是极其艰苦的工作条件，以及随之而来的漫长、难熬的劳动时间。然而，即使在充斥着技术奇迹和巨量国家财富的世界里，时间——以及我们的时间如此匮乏——仍然是重要的问题。工作对我们的束缚越来越紧：从学校教育及其对就业资格的重视，到工作时经理对你的控制；从周末回复电子邮件，到不断的工作申请和简历制作。探究为什么我们如此多的时间被工作占用——以及我们工作时间的本质是怎样的——有助于我们理解为什么历史上各种类型的工人都在与每周工作时长作斗争。[1]

时间、自由和工作

时间就是自由。或者说，时间是自由的必要基础。如果没有时间来发挥我们的潜能，锻炼我们的身心，我们就根本无法听凭自己的意愿去做我们想做的事情。当然，为了生存，我们必须完成日常任务——比如吃饭、睡觉等生理需求。但重述一下：在必要的时间之外，则是自由的时间，而这最终是对我们最重要的时间。

然而，在资本主义内部，时间也是金钱。人们获得的工资取决于他们付出时间的多少，而在这些有偿时间内，雇主希望他们尽可能多地产出。从这个角度看，时间是盈利企业的另一种生产成本。

---

[1] 也许它还可以帮助我们理解资本主义自身的内在逻辑。

资本主义最敏锐的观察者之一——马克思认为，正是时间的这一方面，或者说时间作为人类自由的基础与时间作为生产和利润的尺度之间的对比，反映了相关各方的不同利益。从劳动者的角度来看，就业是获得必要工资以满足个人（或许还有家庭）需求的手段。除此之外，我们可能还期望工资能够提供追求兴趣和"生活"的能力。因此，作为雇员，我们的利益在于获得工资；获得现金以购买生活必需品，以及休闲、社交和马克思所说的"智力需求"所需的商品。然而，这里的问题是，为了享受我们为之辛劳的生活，我们还需要时间，而我们的老板想要抓住的正是我们的生活时间。

从雇主的角度来看[1]，雇用工人是为了在生产过程中发挥作用：他们为利润而生产，而且必须保证生产顺利进行。这一基本要求形塑了雇主如何看待公司的工作流程、投资以及员工的工时和薪酬（现

---

[1] 马克思自己也承认，他的理论只是对资本主义经济和劳动力市场的基本坐标（coordinates）和逻辑的提炼；它并没有覆盖所有例外的情况。我们承认，一般来说，少数企业实际上认可员工对更多自由时间和工作以外生活的需求和渴望；然而，尽管一些企业主具有这种进步性本能，事关利润（和生产率）的底层逻辑在其结构性能力中依然存在。

在只是生产中的另一个要素)。在资本主义经济中,所有的时间都是潜在的生产时间;如果企业想要取得成功,就必须将时间转化为金钱。按照马克思的说法:

> 工人终生不外就是劳动力,因此他的全部可供支配的时间,按照自然和法律都是劳动时间,也就是说,应当用于资本的自行增殖。至于个人受教育的时间,发展智力的时间,履行社会职能的时间,进行社交活动的时间,自由运用体力和智力的时间,以至于星期日的休息时间——全都是废话![1]

在这里,我们看到这两种需求相互冲突:工人要求有更多的自由时间,远离工作;与此相反,企业则施加压力,要求延长工作时间,从工人身上榨取更多的劳动力。这种对时间的争夺是就业所固有的,并不只是工业革命时期大工厂和仓库生产的残余,它以各种形式延续至今。我们每天都能看到这

---

1 Marx, K., *Capital: A Critique of Political Economy, Volume One*, trans. by Ben Fowkes (London: Penguin, 1990), p. 375.

种争斗、这种挣扎在我们为生存而劳动时上演。谁没有过这样的老板？——他在午休时盯着我们，确保我们都完成了目标，没有人"表现不佳"；他焦虑地看着员工在工作中随意聊天，以自己的速度工作。同样，谁不曾在工作时浏览社交媒体，谁没有多花五分钟吃午饭，谁没有在早上喝了第四杯茶？这些常见的经历显然不是邪恶或不道德的个人表现，不是"坏老板"面对"摸鱼人"（"slacker"），而是源自利润驱动体系下，对时间进行严格管控的结构性压力与员工拒绝被掌控的强烈愿望之间的矛盾。正如马克思所指出的：

> 这也并不取决于个别资本家的善意或恶意。自由竞争使资本主义生产的内在规律作为一种外在的强制力量对每个资本家起作用。

这里所说的竞争的"内在规律"指的是企业要保持低劳动力成本和高产出的持续压力。在这种情况下，工作时间，或者说人可以投入工作的时间，是企业最需要权衡计算的。[1]

---

1 Ibid., p. 381.

劳动至上的社会

工作时间对资本主义的运作如此重要,以至于马克思在《资本论》中用了整整一章来讨论19世纪英国工人为减少工作时间而进行的斗争。马克思利用当时关于劳资纠纷的报道来反思雇佣关系的本质,强调工作日的长短是个可变量,是由社会关系中的不同需要决定的。马克思敦促我们想象,工作日的长度只与生产生活必需品所需的时间相当,这是可行的。事实上,在人类历史的漫长岁月里——实际上是数十万年——每周安排我们的食物和其他生活事项大约需要 15 ~ 17 个小时。[1] 我们剩下的时间都花在了其他追求上。

即使就在几百年前,在资本统治之前,大部分人口的生存也主要取决于需要完成的工作量。农民为了自己和家人的温饱而耕种公地。从我们现在以小时计的工作生活的角度来看,封建时代的工作与时间之间的关系简直不可同日而语:人们在公地上

---

[1] Suzman, J., *Work: A History of How We Spend Our Time* (London: Bloomsbury, 2020).

或在公地范围内按需劳作,或为主人提供多余的粮食以换取自己的土地。劳作主要受季节周期、传统的贡赋和所有权等级制度的制约,而非受合同工时的制约。[1]

当然,我们不应在此抱有玫瑰色的幻想。前资本主义时代的生活和工作远非理想。虽然当时的社会并不受老板及其合同工时的支配,但却受父权制的亲属关系和其他看似不可改变的习俗的支配,在这些习俗中,"行会会长剥削工匠,领主剥削农奴,男人剥削女人,老人剥削年轻人。"[2]

当劳动生产率成为经济的核心要务,这些古老的关系开始被雇主与雇员的关系所取代,或至少成为其中的一部分。于是,资本主义——为实现价值(最终是利润)而生产商品——诞生了。在这一过程中,拥有土地或财产的人与只拥有可以提供给他

---

[1] Patel, R. and Moore, J., *A History of the World in Seven Cheap Things: A Guide to Capitalism, Nature, and the Future of the Planet* (London: Verso, 2020).

[2] Ibid., p. 96; 参见 Applebaum, H. A., *The Concept of Work: Ancient, Medieval and Modern* (Albany: State University of New York Press, 1992); 以及 Komlosy, A., *Work: The Last 1,000 Years* (London: Verso, 2018)。

人的劳动力的人之间出现了分化。正如拉吉·帕特尔（Raj Patel）和杰森·摩尔（Jason Moore）所说：

> 在欧洲，现代工作的创造是通过圈地实现的，这是一个繁杂的过程，它改变了人类与大自然其他部分的关系，改变了人们度过每一天、甚至是人们理解时间的方式。[1]

随着土地被剥夺，市场（包括雇佣劳动市场）成为大多数人的工作场所。与此同时，国家开始对游手好闲者和流浪者实施惩罚。[2] 这是一个贫困化和剥夺生存手段的过程，同时也创造了需要工作的廉价劳动力，因此为雇主提供了机会。[3] 雇主有了让人们为生活而定期工作的能力，于是便可以将工

---

[1] Patel and Moore, *A History of the World*, p. 109.

[2] 布伦纳（Brenner）对资本主义经济的农业起源进行了深入探讨，参见 Aston, T. H. and Philpin, C. H. E. (eds), *The Brenner Debate: Agrarian Class Structure and Economic Development in Pre-Industrial Europe* (Cambridge: Cambridge University Press, 1985); 以及 Meiksins Wood, E., *The Origins of Capitalism: A Longer View* (London: Verso, 2017)。

[3] 马克思将这一过程称为"原始积累"（Marx, *Capital*）。请参阅帕特尔和摩尔（Patel and Moore）在《世界史》（*A History of the World*）中关于"廉价工作"（cheap work）的简明章节，以了解"原始积累"以及其他与之相交织的过程。

人推向身体极限——将每周工作时间延长到令人精疲力竭的程度，甚至通过招募儿童来扩大劳动力。我们今天仍生活在其中的劳动至上的社会就这样诞生了。

总而言之，马克思对工作的批判源于对人类自由的关心，以及对现代社会强加于个人的压迫的关切。他描述了雇佣式就业如何出现，提醒我们注意其起源并不光鲜，以及是利润逻辑塑造着所有必须参与劳动力市场的人的生活。因此，从根本上说，就业与个人自由相对立：它意味着在一定时间内将自己出租给某个人或某个公司。

马克思经常以强烈的讽刺意味提及"自由劳工"，以捕捉其作为雇员的双重特征：一方面，你是"自由的"（you are "free"），因为你可以"选择"把自己卖给任何你想要的雇主；另一方面，你也是一"无"所有的（you are also "free" of things）[1]，因为除了自己的工作能力之外，你什么都不拥有（或几乎什么都不拥有）。今天，马克思对无产者状况

---

[1] Free 既有"自由"之意，也有"无……"之意，马克思在这里讽刺性地使用了双关。——译者注

的描述仍然具有现实意义。每4个英国人中就有1个人在银行里没有积蓄,因此只能靠薪水度日,除了出卖自己的劳动力之外他们一无所有。[1]

当然,这两件事都不等同于自由——将我们的时间用在我们愿意做的事情上的自由——这是因为,归根结底,对于我们绝大多数无法依靠遗产或自己拥有的资产生活的人来说,我们需要一份工作来支付我们的生存费用(没有工作,我们就有挨饿的"自由")。

工作场所的暴政与人类的贫困化

除了劳动力市场的逻辑以及它强加给我们的不自由之外,许多社会理论家还促使我们密切关注马克思所谓的"隐秘之地"("hidden abode")——我们都非常熟悉的工作场所。在这里,你不必是马克思主义者也能看出这不是一个自由的领域;那么,

---

[1] 参见 Elsworthy, E., "A quarter of British adults have no savings, study reveals", *The Independent*, 2018。可查阅 http://www.independent.co.uk/news/uk/home-news/british-adults-savings-none-quarter-debt-cost-living-emergencies-survey-results-a8265111.htm。

你为什么要在那里花那么多时间呢?

政治哲学家伊丽莎白·安德森(Elizabeth Anderson)将国家实施的公共治理与公司经理实施的"私人治理"("private government")相提并论。[1] 通过这种类比,她揭示了一些令人不安的事实,即作为雇员,在多大程度上我们被老板相对不受控地支配着。安德森问,我们不会(明知故犯地)容忍国家对我们私人生活进行如此不民主的、精微的控制,那么我们为什么要理所当然地容忍我们的雇主呢?

然而,这种事每天都发生在我们称之为"办公室"的不自由小岛上。我们的领导(经理)是由首席执行官或董事会挑选的,而不是由他们的下属挑选的;我们被告知可以穿什么衣服,头发应该是什么样子,可以和谁说话;我们被告知,我们在工作中的电话和电子邮件有可能被监听;在许多情况下,甚至工作之外的政治活动也可能被老板视为应受惩处的犯罪行为。你可能会说,如果我们受够了这些

---

[1] Anderson, E., *Private Government* (Princeton: Princeton University Press, 2017).

限制性的制度,我们可以辞职。但是,除了另一种稍有不同的制度(工作场所),我们还能去哪里呢?

在"私人治理"的世界里,我们甚至连家庭以外的生活都可能受到监视。这听起来像是危言耸听,其实不然。亨利·福特(Henry Ford)开创了一个先例,他在福特公司设立了一个"社会学部门"("Sociological Department"),以监督员工的家庭清洁、饮食、饮酒习惯等。[1] 如今,类似的举措并不少见:例如,根据《平价医疗法案》(Affordable Care Act,简称ACA),美国雇主可以对那些不遵守健康计划的员工进行处罚,这些计划有时会要求锻炼和禁酒。[2]

安德森批评的主要对象是美国劳动力市场,因为与世界其他地区相比,美国劳动力市场可以说没有那么多抵御雇主权力的屏障。然而,英国的情况往往也好不到哪里去,雇主和管理者对员工采取严厉、侵犯性措施的新闻频发。例如,英国最大的零

---

[1] Peterson, J. S., *American Automobile Workers*, 1900—1933 (Albany: State University of New York, 1987), pp. 57, 72.

[2] Anderson, *Private Government*, p. 49.

售商之一"体育直销"(Sports Direct)因使用一整套规训措施而臭名昭著,这些措施很容易与监狱中的手段相混淆。[1] 一项卧底调查发现,在这里,严格的脱衣搜身、通过扩音器"鼓励"员工更努力地工作,以及以解雇作为威胁的纠正措施都被使用过。随后的议会调查将此类行径比作"维多利亚时代的劳改所"("Victorian workhouses")[2]。在亚马逊履约中心和其他工作场所,也出现了类似的高强度管控故事。[3]

现代工作的压力、速度和监控不可避免地会对工人造成不良影响。事实上,几十年来,英国的工

---

[1] 参见 Goodley, S. and Ashby, J., "Revealed: how Sports Direct effectively pays below minimum wage", *The Guardian*, 2015。可查阅 http://www.theguardian.com/business/2015/dec/09/how-sports-direct-effectively-pays-below-minimum-wage-pay。

[2] 参见 Goodley, S., "Mike Ashley running Sports Direct like 'Victorian workhouse'", *The Guardian*, 2016。可查阅 http://www.theguardian.com/business/2016/jul/22/mike-ashley-running-sports-direct-like-victorian-workhouse。

[3] 参见 Sainato, M., "'I'm not a robot': Amazon workers condemn unsafe, grueling conditions at warehouse", *The Guardian*, 2020。可查阅 http://www.theguardian.com/technology/2020/feb/05/amazon-workers-protest-unsafe-grueling-conditions-warehouse。

作强度一直呈上升趋势。2017 年，46% 的英国就业劳动力强烈认为，他们的工作要求他们"非常努力"地工作；而在 1992 年，这一比例约为 32%。[1] 在同一项研究中，55% 的女性和 47% 的男性表示，他们"总是"或"经常"疲惫不堪地下班回家；在护理和教师职业，这一数字甚至更为惊人。[2] 英国政府健康与安全执行局报告称，2019—2020 年，因工作压力、抑郁或焦虑而损失的工作日达到创纪录的 1790 万个。相比之下，前一年的损失为 1280 万个工作日，增加了 40%。这些疾病的主要原因是什么？工作压力，或者更具体地说是"截止日期紧迫，工作量太多或压力太大"。[3]

---

[1] Felstead, A., Green, F., Gallie, D. and Henseke, G., *Work Intensity in Britain: First Findings from the Skills and Employment Survey 2017* (Cardiff: Cardiff University, 2018). 可查阅 http://www.cardiff.ac.uk/__data/assets/pdf_file/0009/1309455/4_Intensity_Minireport_Final.pdf。

[2] Ibid："教师和护士们都经历了工作强度的急剧增加。近十分之九的教师表示下班后有时或常常感到精疲力竭，而 2006 年这一比例为四分之三；对护士而言，这一比例从 1990 年代的 25% 上升到本世纪的 73%。每 10 名教师中就有近 4 名属于'高强度工作'——而在所有工作者中，这一比例仅为 17%"。

[3] HSE, "Work-related stress, anxiety or depression statistics in Great Britain, 2020", 2020. 可查阅 http://www.hse.gov.uk/statistics/causdis/stress.pdf。

需要明确的是，上述所有情况都发生在新冠肺炎席卷英国工作场所、社区和家庭生活之前。而我们随后看到的情况则显示出新冠肺炎带来的影响更为严重。与2017—2019年相比，大流行导致工作中的精神压力上升了49%。[1]

工作时间显然是造成工作生活退化的原因之一。心理健康基金会（Mental Health Foundation）进行的一项研究表明，在大流行期间，在家工作的人平均每月多工作28个小时，这对健康和生活福祉产生了明显的负面影响。[2] 随着大量劳动力转向远程工作，工作与生活之间的屏障开始被打破：当办公室就是你的起居室时，你就不可能再把工作留在办公室。对于那些仍留在惯常工作地点的"核心员工"来说——即使在最好的情况下他们也从事着压力最大的工作——在他们惯常的工作压力以外，

---

1 Murray, N., *Burnout Britain: Overwork in an Age of Unemployment* (London: Autonomy, Compass and the 4 Day Week Campaign, 2020). 可查阅 http://www.autonomy.work/wp-content/uploads/2020/10/4DW-mentalhealth_cumpass_4dwcORANGE_C-v2.pdf。

2 Morris, N., "We're working an extra '28 hours per month" in lockdown'，*Metro*, 2020. 可查阅 http://www.metro.co.uk/2020/05/05/working-extra-28-hours-per-month-lockdown-12654962。

又增加了严重的感染风险。

然而,工作时间问题——以及我们与工作时间的关系——并不是新问题,它也与我们如何组织经济和劳动力市场无关。马克思是最早、也是最敏锐地批评这种经济制度的人之一,这种制度迫使我们进入工作时间长、压力大的工作场所,以严格的管理规程和最大化的工作量为主导。与19世纪一样,工作时间是当今资本主义生活的核心。时间就是金钱,但时间也是我们自由的宝贵资源。我们自己的时间和雇主的时间之间的角力从未消失。

尽管听起来很明显,但只要利润动机还驱动着企业的日常运作,生产力的重担就会落在员工身上——每一分钟都承载着更大利润的承诺。虽然也有少数真正具有前瞻性思维的企业认识到工作场所给员工带来的负担(并通过缩短每周工作时间、提供体面的假期津贴等进行补偿),但这些企业很大程度上仍然是例外。这就是我们以工作为中心的生活、频繁的职业倦怠以及没有工作却又需要工作才能生存的痛苦背后无法回避的真相。

2

未开发的潜力
节省劳动力的技术与人类繁荣

人类的选择显而易见。那些长期做着脏活、累活，或者无休止地重复机械任务的人们，无不期盼着进一步发展真正节约劳动的技术。[1]

凯恩斯主义的常识

在围绕资本主义工作时间展开的辩论中，约翰·梅纳德·凯恩斯（John Maynard Keynes）是最著名的人物之一。他在经济理论和实践方面留下了宝贵遗产，至今仍然具有影响力。此外，他的文章《我们孙辈的经济可能性》（Economic Possibilities For Our Grandchildren）也广为人知。[2]

在文中，凯恩斯强调，尽管人类一直将技术当作经济生活的一部分，但在现代时期，工具和技术创新呈指数级加速发展。随着新技术的出现，人类

---

1 Williams, R. *Towards 2000* (London: Penguin, 1985), pp. 91-2.
2 Keynes, J. M., *The Collected Writings of John Maynard Keynes. Volume X: Essays in Biography* (first published 1933), ed. by Robinson, A. and Moggridge, D. (Cambridge: Cambridge University Press, 2013).

劳动时间大幅减少。在 1870 年到 1930 年之间（即凯恩斯撰写此文时），英国年平均工作时间减少了 400 多个小时，相当于每周工作时间减少了 7 个多小时。[1] 对于凯恩斯来说，这一趋势非常明显：只要经济持续增长，生产所需的人力劳动时间将越来越少，每周工作时间将继续缩短，也许到 2030 年会缩短到 15 小时左右。

凯恩斯的预言基于对人类需求的分析。他认为，需求可以分为两类。首先，有"绝对"需求，包括那些"我们的人类同胞处于任何境地"都不可或缺的基本必需品（如住所、食物等）；其次，还有"满足优越感"的需求。凯恩斯认为，绝对需求很容易满足："转折点也许就要到了。可能比我们意识到的都要快。届时这些需求都会被满足，我们则会倾向于将精力投入到非经济目的上了。"[2]

对凯恩斯来说，满足人类基本需求并减少工作

---

[1] ILO, *Working Time Around the World* (London: Routledge, 2007).

[2] "Our superiority complex, Keynes mused, is perhaps insatiable". Keynes, J. M., *The Collected Writings of John Maynard Keynes. Volume X: Essays in Biography* (2013, first published 1933). In: Robinson, A. and Moggridge, D. (eds). (Cambridge: Cambridge University Press, 2013).

需求的这一前景，不仅具有深远的哲学意义，还触及到存在的意义。这表明"展望未来，经济问题并不是人类永久性的问题"。[1] 如果物质需求不再是我们面临的主要挑战，我们将迎来全新的选择：我们应该做什么？一个人应该是什么样的？

凯恩斯深受古希腊伦理学影响。柏拉图影响了他对幸福和为了幸福本身而奋斗的想法，[2] 而凯恩斯对幸福生活的追求则基于亚里士多德的观点，即经济学关注的是如何分配和利用生活必需品。[3] 在他看来，只要利用得当，经济学将引导人们过上美好的生活。对于凯恩斯来说，减少工作时间并享受"幸福生活"与一种生活观念相关，即我们的有限物质需求得以满足。

根据凯恩斯主义的观点，我们应该重新考虑一个伦理问题：经济活动的目的是什么？同时还要考虑，如何制定合适的政策和确立合适的投资形式，

---

[1] Ibid., p. 366.

[2] Ibid., p. 445.

[3] Crespo, R., *Philosophy of the Economy: an Aristotelian Approach* (New York: Springer, 2013), p. 105.

以支持艺术、建筑、体育、教育等活动,而这大抵才是人们想要的幸福生活。

凯恩斯的失误:低估"经济理性"

然而,这种观点引出了一个明显的问题:为什么工作时长没有如凯恩斯所预测的那样大幅缩短?不要忘记,在英国,我们的平均周工时仍然超过40小时,远远超出凯恩斯希望在2030年前达到的15小时的目标。[1]

凯恩斯对经济增长和如何分配这种增长的利益都很乐观,但这种态度值得商榷。就前者而言,他的信念不完全错:在西欧和北美,从1930年代初到2000年代末,人均国内生产总值(GDP)增加了4倍以上。[2]但是,如果全球北方变得更加富裕——

---

1 Skidelsky, R. *How to Achieve Shorter Working Hours* (London: Progressive Economy Forum, 2019). 可查阅 http://www.progressiveeconomyforum.com/wp-content/uploads/2019/08/PEF_Skidelsky_How_to_achieve_shorter_working_hours.pdf。

2 Bolt, J., Timmer, M. and Luiten van Zanden, J., "GDP per capita since 1820", in Luiten van Zanden, J. et al. (eds) *How Was Life? Global Well-being Since 1820* (OECD Publishing, 2014), dx.doi.org/10.1787/9789264214262-7-en.

正如凯恩斯所预测的那样——为什么我们的每周工作时间没有随着经济增长而减少呢?这恰好体现了分配的重要性,而凯恩斯的乐观的缺陷就在于此。事实上,在19世纪末和20世纪初的几十年里,生产力提高与工时缩短之间的相关性并不是经济或自然"法则"的产物,而是工会和公众人物为缩短工时而发起的政治活动日益壮大的结果。[1]

的确,英国在"一战"后经历了一段显著的工会活跃期,凯恩斯的观点也正是在这个时期末提出的。这一时期,工会积极争取增加工资,缩短工作时间,罢工行动非常普遍。[2]在1919年,经过工会和工人运动多年的努力后,工作时长史无前例地缩短了,且持续时段也是最久的。[3]这使得许多人的每周工时减少到了48小时,即使在动荡的1920年

---

[1] 参见 Jones, J., "What Can 19th Century Labour Activists Teach Us About Transforming Work After Covid?", Autonomy, 2020. 可查阅 http://www.autonomy.work/portfolio/19thcenturyworkingtime。

[2] Scott, P. and Spadavecchia, A. "Did the 48-hour week damage Britain's industrial competitiveness?", *Economic History Society* 64: 4, 2011, 1266–88.

[3] Jones, "What Can 19th Century Labour Activists Teach Us?"; Hutchins, B. L. and Harrison, A., *A History of Factory Legislation* (London: P. S. King & Son, 1911).

代，工会依然定期示威，维持住了这一成果。[1] 正是有组织的工人的实际活动，而不仅仅是经济活动本身，使19世纪末和20世纪初英国的工作时间大幅缩短。

然而，在凯恩斯对进步的描述中恰恰缺失了这种活动。这些以生产力和/或技术驱动的叙述经常忽视了分配的具体政治，而正是这些政治决定了变革的发生。如果没有来自工会等组织的压力，每周工作时长可能仍然在70小时左右。与认为经济是关于以更加高效的方式满足需求的理解相反，这些工人为谁能够享受更大生产力带来的好处而进行的斗争向我们表明，利润和无休止的积累同样是驱动经济发展的强大动力，甚至可能更加强大。

让技术服务于自由

当然，凯恩斯的直觉没错，我们确实能更轻松

---

[1] Bangham, G., *The Times They Aren't a-Changin'* (London: Resolution Foundation, 2020). 可查阅 http://www.resolutionfoundation.org/app/uploads/2020/01/The-times-they-arent-a-changin.pdf。

地满足我们的需求了。其他节约劳动的技术，无论过去还是现在，都是可能的——即使这种可能性受到主导我们社会的"经济理性"的制约。政治哲学家安德烈·高兹（André Gorz）[1]在他的《资本主义，社会主义，生态学》（*Capitalism, Socialism, Ecology*）中概括了这种紧张关系：

> 我们追求效率和经济理性的主要结果是让我们摆脱工作，释放时间，将我们从经济理性本身的规则中解放出来——这是一个经济理性既无法评估也无法赋予其意义的结果。[2]

科学和技术构建了我们的生产能力，而这种能力为摆脱工作的自由打开了可能性。然而，经济理性将这种乌托邦式的设想排除在现实之外，因为经济理性规定，生产是为了利润而绝不是为了满足需

---

[1] 安德烈·高兹（1923—2007），奥地利出生的法国哲学家和作家，以其社会主义和环境主义思想而闻名。他的著作包括探讨劳动和工作的社会和哲学性质的《经济理性批判》（*Critique of Economic Reason*），以及强调环保与政治和社会变革之间的联系的《生态政治学》（*Ecology as Politics*）。——译者注

[2] Gorz, A., *Capitalism, Socialism, Ecology* (London: Verso, 1994), p. 45.

求。技术生产力指向一个超越为利润而生产的世界。

这条论证路线也激发了其他激进思想派别的人士。例如,在重新阅读弗洛伊德的文明理论时,赫伯特·马尔库塞(Hebert Marcuse)讨论了对欲望的压抑,以及通过减少工作时间实现潜在解放的可能性:

> 由于现实对快乐原则的主要阻碍因素就是工作日的长度,将工作日缩短到不再阻碍人类发展的程度就是实现自由的第一个前提。[1]

给自己更多时间不仅仅意味着从老板手中解脱,也是新形式的欲望蓬勃发展的基础。如果在这样的情况下,技术被用于满足人类的需求,那么"生产力将失去其压迫性,转而推动个体需求的自由发展"[2]。这是一个我们现在相当熟悉的论点,论证了劳动自动化和解放我们的时间与欲望的好处。挣

---

[1] Marcuse, H., *Eros and Civilization: A Philosophical Enquiry into Freud* (London: Abacus, 1973), p. 152.

[2] Ibid., p. 156.

钱谋生的必要性从青年一直持续到老年。[1] 通过重新定位我们的生产力来摆脱经济的负担，将不亚于文明层面的变革。

因此，从本质上来说，凯恩斯常识中的一些元素值得保留：从技术进步中获得的生产力提升，不仅能够而且应该带来更短的工作周。除了极大地减少贫困和匮乏（这不是个小数目！），这还让我们有机会思考什么是最重要的，并为之采取行动，让我们的思维不仅仅局限于"生产"，并最终成为一个更加充实的人，拥有更广阔的视野，而不仅仅是维持生计。但我们应该从历史中吸取的教训是，这样理想的局面不会随着生产技术的进步自然而然地出现，而必须通过在社会各个层面上要求、争取和运动来实现。[2]

---

[1] 马尔库塞的论点预见了最近关于"完全自动化"（full automation）或"奢侈共产主义"（luxury communism）的呼声。参见 Srnicek, N. and Williams, A., *Inventing the Future: Postcapitalism and a World Without Work* (London: Verso, 2015)；以及 Bastani, A., *Fully Automated Luxury Communism: A Manifesto* (London: Verso, 2019)。

[2] 参见 Benanav, A. *Automation and the Future of Work* (London: Verso, 2020)；以及 Smith, J., *Smart Machines and Service Work: Automation in an Age of Stagnation* (London: Reaktion Books, 2020)。

解放人类潜能

正如马克思和许多其他劳动分工分析家所指出的,资本主义下的绝大多数工作仅仅是为了满足企业的需要而培养人的技能。比如,学习文字处理是为了发送电子邮件,学习制作拿铁咖啡则是为了销售,提高人际技能主要是为了减少公司日常运行中的摩擦。工人很少有机会在工作时间、在公司财务的支持下,根据自己的选择来发展自己。如果有这种情况,那一般只开放给高收入岗位,以此作为福利,吸引员工留下,或促使他们忍受高强度的压力。

我们将生命投入自我发展空间非常有限的工作中,而这些工作专门设计得乏味无聊,以便谁来都能掌握。用于满足自我和发展自我的时间则在工作之外。亚当·斯密(Adam Smith)是公认的现代经济学之父,也是经济学领域被误解最深的人物,而即便是他也非常清楚劳动分工和标准化对我们人类的影响。[1] 除了提高作为工人的生产力之外,他警

---

1 West, E.G., "Adam Smith's Two Views on the Division of Labour", *Economica* 31: 121, 1964, 23-32.

告说:"那些一生都在执行简单且重复的操作的人,根本没有机会发挥他的理解力。"[1]

减少我们的工作时间不仅关乎人类潜力,也关乎经济平等。许多人都看到,尽可能减少必要劳动的文化具有巨大的潜力,英国哲学家伯特兰·罗素(Bertrand Russell)是其中最杰出的一位:

> 即便是现在,通常只有过长的工时才会让工作变得讨厌。如果通过更好的组织和更科学的方法,把正常的工作时间缩短到(比如说)4小时,那么,现在许多被认为是负担的工作将不再如此。[2]

罗素当时正在研究彼时的无政府主义和社会主义哲学,试图找出其中最有前途的思想。他认为,除了经济保障之外,减少工作时间才是真正最能解放人类、也最理想的目标。对于在有关工作的对话中经常听到的、深受工作伦理影响的指责,即如果我们

---

[1] Smith, A., *An Inquiry into the Nature and Causes of the Wealth of the Nations* (Indianapolis: Liberty Classics, volume 2, 1976), pp. 781-2.

[2] Russell, B., *Roads to Freedom* (Nottingham: Spokesman Books, 2006), p. 88.

在工作上花费的时间减少，我们就会成为一个"懒惰"甚至是懒散的社会，罗素有如下看法：

> 在那些被当作游手好闲的人中，可能包括艺术家、作家、致力于追求抽象知识的人——总之，所有那些活着时被社会鄙视、死后却受社会尊崇的人……观察一下我们的诗人中有多少是家境贫寒的人，就会意识到有多少诗歌创作能力是因贫穷而没有得到发展的；因为如果认为富人天生就具有更好的诗歌创作能力，那就太荒谬了。[1]

对那些声称自由时间是奢侈品，只有精英阶层才感兴趣的人来说，这是一条重要的反驳。这种说法把事情弄错了，同时也只是陈述了显而易见的事实。我们最有名的艺术家、作家和知识分子往往出身富裕。他们有能力远离"谋生"的日常琐事，将精力投入到更具创造性的追求中。罗素应该知道这一点——他本人就是少数享有特权的人之一，他们

---

[1] Ibid., p. 89.

有足够的空间和时间从事人类生活的这些方面——我们称之为"目的本身"[1]。我们可以想象，有多少艺术、音乐、诗歌和电影从未见天日，仅仅因为千百万人没有时间或物质保障去自由尝试。在这种假设下，如果我们的工作时间接近凯恩斯梦想的每周 15 小时，那么至少从战后时期开始，实际存在的工人阶级文化生产可能只是潜在的文化生产的一小部分。

罗素赞美富有创意的或我们所谓的"非生产性"活动，这背后体现了一个更广泛的哲学观点，即闲暇的重要性。20 世纪作家乔治·巴塔耶（Georges Bataille）也对以工作为中心的社会——资本主义和苏联共产主义的共同特点——感到悲哀，因为在这些社会里，人们的生活安排是不合理的，在根本上是一种苦行。[2] 我们工作是为了生存，如果幸运的话，是为了积累盈余作为储蓄，而储蓄又用来积累更多

---

[1] 此处的原文为 ends in themselves，在这里指有特权的人从事的艺术活动不是实现其他目标的手段，它本身就是目的。——译者注

[2] Bataille, G., *The Accursed Share, Volume I*, trans. by R. Hurley (London: Zone Books, 1988); Bataille, G., *The Accursed Share, Volumes II and III*, trans. by R. Hurley (London: Zone Books, 1992).

的盈余以进一步生存。如果我们有幸拥有自己的企业或财产,我们也只不过是拥有了通过他人的工作和租金积累财富的新手段。

巴塔耶问道,所有这些积累的目的是什么?什么时候才是享受的时候?什么时候我们的日常活动本身才是目的,比如游戏、性、探索,享受音乐、电影和其他艺术?这些"至高无上"的活动(相对于不停工作的奴性)常常被鄙视为"精英主义",轻浮的奢侈品,或者干脆就是"浪费时间"。在巴塔耶看来,这是对事实的极端曲解:现代的重复性工作毫无意义,除非我们可以在此基础上超越持续的折磨。

我们需要重新平衡自己的优先级,从一个唯工作至上的社会转变为工作与集体享乐、释放身体能量、探索人类潜能并重的社会。

抛给社会主义者的问题

上述工业社会中的工作本质、被工作场所支配的压力以及标准化劳动流程的后果,应该让我们停下来思考：我们所希望的资本主义替代方案是什么样的。如果在替代方案中，我们将要废除这些资本主义的制度特征，那么社会主义、共产主义、后资本主义，或其他合适的名称，就不仅仅意味着改变经济、土地或其中运作的组织的所有权；也不仅仅意味着改变产品与分配方式——无论这些改变多么必要。非资本主义或后资本主义社会还必须考虑我们的工作方式和工作时间。

凯西·威克斯（Kathi Weeks）在她的开创性著作《工作问题》（*The Problem With Work*）中描述了社会主义范畴内的政治方案。这些方案往往没有能够提供一种超越资本主义的替代性政治经济，仍然停留在追求充分就业和她所谓的"生产主义"（"productivism"）上。威克斯指出了社会主义对后资本主义未来的两种不同愿景，它们都致力于将劳动作为人类的基本价值和目标。[1]

第一种是"社会主义现代化"（"socialist modernization"），特点是试图充分发挥在资本主义条件

---

[1] Weeks, K., *The Problem with Work: Feminism, Marxism, Anti-Work Politics, and Post-Work Imaginaries* (Durham: Duke University Press, 2011), p. 86.

下发展起来的生产潜力。[1] 社会主义将使所有权和控制权的经济关系民主化,使生产掌握在工人手中,而不是目前的资本家阶级手中。虽然,社会主义的所有权至少在理论上将摆脱为利润而盈利的要求,但生产资料和劳动过程仍将受制于资本主义关系下的工业模式。在这种观点里,资本主义被视为一种组织现代化力量的低效方式——解决之道则是集体占有生产资料。

列宁对资本主义工作方式的态度就是社会主义现代化倾向的一个例证。在俄国革命之前,列宁就对资本主义(泰勒制)的严酷工作制度提出了强烈批评。[2] 1913 年他写道:

---

1 Ibid., p. 83.

2 人们通常把来自管理层的工作场所压力与"泰勒制"(Taylorism)相提并论,将它与弗雷德里克·泰勒(Frederick Taylor)在 20 世纪初进行的"科学管理"研究联系起来。泰勒的主要论点是:为了最大限度地利用员工的价值,管理者必须尽可能精确地控制员工们的时间,甚至是他们的身体动作。该论点随后成为世界上主流管理策略的基础。哈利·布拉夫曼(Harry Braverman)甚至称泰勒制为"资本主义生产方式的语言化表达(verbalisation)"。参见 Braverman, H., *Labour and Monopoly Capital. The Degradation of Work in the Twentieth Century* (New York: Monthly Review Press, 1974), p. 60。

> （泰勒制的）目的是在与以前同样长的工作日内，从工人身上榨取三倍的劳动量；工人的所有体力都被无情地激发出来，奴隶劳工的每一点神经和肌肉能量都以三倍的速度被耗尽……资本主义社会在技术和科学领域的进步不过是在压榨汗水方面的进步。[1]

然而，1918年，列宁根据革命后俄国的情况修改了自己的观点，他在《真理报》（*Pravda*）上写道：

> 我们应该尝试泰勒制的每一个科学和进步的建议……泰勒制以及资本主义的所有进步措施，都结合了资产阶级剥削的精致残酷和对工作中机械动作分析的许多宝贵科学成果。[2]

对工人的泰勒式控制的确是一种资本主义工具或强制手段，但是，列宁写道，如果"劳动人民自己适

---

[1] Lenin, V. I., "A Scientific System of Sweating", in *Collected Works*, Vol. 18 (London: Lawrence and Wishart, 1963), pp. 594-5.

[2] Lenin, V. I., "The Urgent Problems of the Soviet Rule: Higher Productivity of Labor", in *Collected Works,* Vol. 27 (Moscow: Progress Publishers, 1965; originally published in 1918), p. xxii.

当地控制且聪明地运用",它就会成为社会主义的重要基础。[1] 对于列宁这样推崇社会主义现代化的人来说,

> 社会主义被视为在政治上管理和经济上调节工业生产的新模式,而这种工业生产模式正是资本主义所建立起来的。社会主义被认为是更公正且更适合工业生产的社会分配形式。[2]

当然,这种社会主义愿景的关键缺陷在于其工作性质和经验与我们抛之脑后的资本主义世界几乎没有什么不同。尼克·戴尔-维特福德(Nick Dyer-Witheford)甚至认为,"列宁主义应被理解为一种高度适应——实际上是致命的过度适应——资本主义发展的特定时期的马克思主义……它采用了泰勒式的劳动分工、工业机械化,并强调'群众组织'('mass organisation')。"[3] 在社会主义现代化中,

---

[1] Lenin, V. I., *Selected Works* (New York, NY: International Publishers, 1971; originally published 1918), p. 417.

[2] Postone, M.,*Time, Labour, and Social Domination* (Cambridge: Cambridge University Press, 1991).

[3] Dyer-Witheford, N., *Cyber-Marx: Struggles and Circuits of Struggle in High-Technology Capitalism* (Chicago: University of Illinois Press, 1999), p. 9.

我们发现"对经济增长、工业进步和工作伦理的认可，与资产阶级政治经济学类似，都是对经济现代化进程的自然化和赞美"[1]。在这样的社会主义制度下，如果我们的工作量、生产压力和工作时间与资本主义时期相似，尽管老板和产品都不一样了，我们真的能说日常生活发生了革命吗？[2]

社会主义现代化侧重于所有权和对工人的剥削，社会主义人道主义（socialist humanism）则是威克斯警告我们不要陷入的生产主义话语的另一种变体。这一立场的出发点是：在资本主义劳动条件下，个人与他们的人性本质是异化的。这种观点通常反对现代性的技术能力，因为在这种模式下（在科学理性主义的掩盖下）的劳动过程与资本积累的逻辑结合得过于紧密，使人类在其"自然"的工作方式中异化了。

正如威克斯所解释的那样，劳动被理解为"一

---

[1] 参见 Weeks, *The Problem with Work*, p. 84。在"绿色新政"（Green New Deal）的倡导者那里也能找到类似的特点。参见第 4 章。
[2] 在许多方面，问题的关键在于工业主义是否应该比资本主义存在更长的时间。在波斯通（Postone）等作家看来，这是不可能的：两者密不可分。参见 Postone, *Time*。

种个人的创造能力，一种人类的本质，我们现在与之疏远，但我们应该恢复这种本质"。[1]因此，对于社会主义人道主义者来说，对抗资本主义弊病的核心原则之一不是增加或减少工作，而是提高工作质量。社会主义的目标应该是恢复工作的尊严和价值，而不是质疑工作作为社会价值核心支柱的地位。[2]

在威克斯看来，这种对社会主义的解读的问题在于，它"保留了太多资本主义的结构和价值观"，即"工作信条"，它告诉我们工作是最高的美德之一。[3]她认为，社会主义人道主义不允许要求减少工作，因为它认为工作从根本上说是人类本质的一部分。

和威克斯一样，我们也可以从中发现一种怀旧的倾向，以及对某些形式的前工业化劳动——即手

---

[1] Weeks, *The Problem with Work*, p. 86.

[2] Ibid., p. 87.

[3] 这显然与亚里士多德的伦理学背道而驰，而后者启发了凯恩斯主义常识的形成，即工作只是通往美好生活的一种手段。"工作信条"是大卫·弗雷恩进一步提出的概念。参见 Frayne, D., *The Refusal of Work* (London: Zed Books, 2015)。

工艺生产——的浪漫化。[1] 通过工作让人类与自身归一，这就需要打破生产与消费之间的循环，这适用于生产直接消费品的工作：耕作、工具制作等等。除了这种未来愿景的可行性之外，我们可能还会质疑它是否真正远离了我们目前所经历的劳动至上的社会。

> 目前，劳动形而上学和劳动道德化在许多领域都占有权威的文化地位，在这一背景下，肯定非异化劳动并不是与当代资本主义控制模式抗争的适当策略；它太容易被收编。[2]

换句话说，在人道主义对资本主义的否定中，批判往往没有延伸到资本主义对劳动本身的痴迷，因此也就无法充分解释马克思所坚持的自由需要缩短工时的观点。社会主义人道主义的愿景容易陷入一个舒适但危险的资本主义陷阱，即为了工作而工作。

---

1 Weeks, *The Problem with Work*, p. 87.

2 Weeks, *The Problem with Work*, p. 107.

威克斯和其他作者的分析一同揭示出[1]，将工作道德化、正常化和神化的不仅仅是资本主义意识形态，对工作的崇拜也渗透到社会主义的各种变体和一些"传统的"马克思主义话语中。这给今天的社会主义者提出了一个问题：为了超越现在，我们应该设想什么样的职场生活？资本主义经济中的劳动过程存在许多问题，而工作时间正是问题的核心。要求更好、更有意义的工作固然无可非议，但如果要真正摆脱工业/后工业工作环境强加给我们的工作困境，就必须进行更大胆、更根本的变革。我们认为，减少工作时间必须成为下一个经济体系的一部分。

当然，这场辩论并非——也不应该——只是理论上的。事实上，大多数劳动者常常赞成缩短每周工作时间，工会也一直将工作时间作为与雇主谈判的优先事项之一。[2] 近年来在英国和国外进行的多项民意调查显示，绝大多数人倾向于每周工作4天

---

[1] 参见，例如，Postone, *Time*；以及安德烈·高兹的诸多作品，例如 Gorz, A., *Farewell to the Working Class* (London: Pluto, 1982)。

[2] 在第5章中，我们进一步讨论了有关策略的问题。

（或更少），而不是标准的5天。[1] 2018年，工会代表大会对数千名英国工人进行了民意调查，超过四分之三的受访者明确表示希望每周工作4天或更少。[2] 在新冠肺炎大流行期间，这种减少工作时间的愿望一直持续着，2020年夏天，当被问及这一想法时，63%的英国人表示支持；只有12%的人表示反对。看来，缩短每周工作时间的时机已经成熟。

---

[1] Chapman, B., "Majority of UK workers support four-day working week, study finds", *The Independent*, 2019. 可查阅 http://www.independent.co.uk/news/business/news/four-day-working-week-pay-transparency-yougov-poll-a8941891.html；以及 Smith, M., "Eurotrack: Europeans support introducing a four-day working week", *YouGov*, 2019。可查阅 http://www.yougov.co.uk/topics/economy/articles-reports/2019/03/15/eurotrack-europeans-support-introducing-four-day-w。

[2] TUC, "A future that works for working people", 2018. 可查阅 http://www.tuc.org.uk/research-analysis/reports/future-works-working-people。

3

属于女性的时间与更短的工作周

我们不需要证明我们能"打破蓝领阶层的障碍"。我们中许多人早就做到了，结果发现我们并没有比做家庭主妇时获得更多的权力，很多时候甚至更少。因为我们现在不得不兼顾两头，用于反抗的时间和精力更少了。现在要做的，是证明我们有能力揭示我们在做的活儿与工作无异，揭示资本在对我们做些什么，并证明我们有力量与之抗争。[1]

虽然我们都生活在一个工作至上的世界，但我们每个人的体验并不相同。那些生活在资本主义最险要之处的人，那些受到种族歧视的人群，或者那些在全球南方生活和工作的人，通常工作环境更加恶劣、收入更低，并且不成比例地占据着劳动力市场中更不稳定和不受欢迎的职位。[2] 我们都生活在

1　Federici, S., *Revolution at Point Zero: Housework, Reproduction, and Feminist Struggle* (New York: Autono-media, 2012 [1975]), p. 22.
2　关于此话题更多的有用资源，参见 Trafford, J., "Race and Work" factsheet, Autonomy, 2018。可查阅 http://www.autonomy.work/wp-content/uploads/2018/11/Race-and-Work-V4-3.pdf；以及 Gebrial, D. "Dangerous Brown Workers: How Race and Migration Politics Shape the Platform Labour Market", in Muldoon, J. and Stronge, W. (eds) *Platforming Equality* (Hampshire: Autonomy, 2020)。可查阅 http://www.autonomy.work/portfolio/platformingequality。

不平等的资本主义经济下,但一些人承受着更大的不平等。女性的境况就是如此,她们在工作世界中承受的压力与性别规范总是交织在一起。自由时间成为珍贵资源,许多身处现代职业生活的女性无权拥有。

家是心之所在的地方

性别分工是资本主义制度的固有特性。随着以市场为基础的关系在封建社会中展开,属于"经济"范畴的生产活动被转移到工厂和办公室,并以工资形式支付报酬。[1] 而另一方面,再生产劳动则被降级到了一个划定出来的私人领域,成为被冠以"爱"和"美德"之名的天然活动。[2] 现代私人家庭得以

---

[1] 赫斯特(Hester)将再生产劳动定义为"培养未来工人,使现有劳动力再生,并维持无法工作的人生存的一系列活动——群体共同维持和再生产其生命的一系列任务,无论是在日常活动中,还是在繁衍后代的意义上"。参见 Hester, H., "Care Under Capitalism: The Crisis of 'Women's Work'", *IPPR* 24: 4, 2018, 343-52。

[2] 勤奋的家庭主妇作为一种理想对象,是工作伦理在家庭领域的反映。参见 Weeks. K., *The Problem with Work: Feminism, Marxism, Anti-Work Politics and Post-Work Imaginaries* (Durham: Duke University Press, 2011)。

建立。正如女权主义思想家南希·弗雷泽（Nancy Fraser）所言，它是"资本主义社会里女性从属地位的主要制度基础"[1]。家庭领域的劳动被重新归类为道德上的、非生产性的义务，区别于有偿经济领域的有偿劳动，而后者被视为工业社会的驱动力。从大约17世纪开始，女性的职责变成了一方面组织家庭，另一方面照料和培养孩子（未来的工人）。[2]

虽然理论上这两个领域是截然不同的，但它们在一段时期内一直互为依存。家庭经济的生存需要依靠男性的辛勤工作，反过来，受雇工作带给他们的压力和创伤（在工业革命期间，这意味着没有周末，漫长的工作日和很少的权利）需要借由家庭内部的"保护网"来接纳和康复。后者如阶级历史学家杰里米·西布鲁克（Jeremy Seabrook）所描述，

---

[1] Fraser, N., "Charting Shifts and Moving Forward in Abnormal Times: An Interview with Nancy Fraser", *An International Journal for Moral Philosophy* 15: 1, 2016, 31.

[2] Hall. C., 'The History of the Housewife', in Malos, E. (ed.) *The Politics of Housework* (London: Allison & Busby, 1980).

是"一个真正人性的、有血有肉的安全网"[1]。

女性在更广泛的经济中发挥的作用,过去一直存在,现在仍然如此,各个阶层都一样。凯瑟琳·霍尔(Catherine Hall)致力于研究家庭主妇的历史,她注意到,类似的进程也出现在19世纪新兴的中产阶级家庭中:

> 维多利亚时代家庭的主要功能之一,是为那些日复一日面对着新工业世界竞争压力的男性提供一个私人的避风港。[2]

无论是在煤矿厂还是在会计事务所工作,养家糊口的男性都需要(并期待)有一个家,家里有做好的饭菜,有人照顾孩子。进入20世纪,这仍然被视为女性的角色分工。在1950年代,如琳内·佩蒂格(Lynne Pettiger)所言,家庭主妇的理想"看起来既平凡又令人向往"[3]。她继续写道:

---

1 Seabrook, J., "In and Out of Work: an interview with Jeremy Seabrook", Autonomy, 2018. 可查阅 http://www.autonomy.work/wp-content/uploads/2018/08/Jeremy-Seabrook-interview-V3.pdf。

2 Ibid., p. 61.

3 Pettinger, L., *What's Wrong with Work?* (Bristol: Policy Press, 2019), p. 56.

> 成为（家庭主妇）的好处很可疑。她们不被看作是在工作，而是出于天性照料他人——这在道德上很有价值，因为这些事必须有人做，但相对于生产价值而言，这不值一提。[1]

这些家庭内部的角色分工当然都涉及到工作。然而，这些工作隐藏在女性在现代生活中扮演的"天性"角色之下，常常无法计算，也得不到承认。[2] 也就是说，无偿家务劳动 "没有经济价值，但在以资本为中心的世界里，经济价值才是最重要的"。[3]

就业，性别和时间

照护、打扫和养育孩子被划分为属于女性的无偿工作，如果说这一过程与资本主义发展史息息相

---

[1] Ibid.

[2] 我们没有必要纠结于女性的某种"天性"或"本质"使她们更适合做家务的论点。用达拉·科斯塔（Dalla Costa）和詹姆斯（James）的话说："在因洗衣和打扫卫生而感到筋疲力尽这件事情上，男人和女人没有什么区别。"参见 Dalla Costa, M. and James, S. "Women and the Subversion of the Community", in Malos, *The Politics of Housework*。

[3] Pettinger, *What's Wrong with Work?*, p. 56.

关，以此支撑传统上由男性主导的就业世界，那么在最近几十年里，情况有什么变化呢？在20世纪，对公民权利和经济独立性的需求剧增，在两次世界大战期间，妇女也逐渐进入到劳动力市场以替代前线男性，于是"男性化工作"和"女性化工作"的分野开始变得模糊。女性逐渐进入更多类型的工作场所，就业人数也越来越多。例如，在英国，女性的劳动市场参与率从1985年的29%上升到2017年的44%。全球范围内，女性目前占总劳动力的近40%。[1]

然而事实证明，性别规范很难改变，即便女性已从家庭中的无偿工作场所转移到了业界的商品化工作场所。换句话说，尽管妇女平权运动确实取得了成就，但女性在经济中承担的主要角色仍然是照护、清洁和情绪劳动。举个例子，在英国，88%的

---

[1] The World Bank, "The World Bank in Gender", 2020. 可查阅 http://www.worldbank.org/en/topic/gender/overview。据了解，1970年美国有3200万美国女性进入劳动力市场，1990年这一数字为5700万，2009年为7200万。参见 Bureau for Labor Statistics, "Women in the Labor Force, 1970—2009"。可查阅 http://www.bls.gov。

护士、84% 的教师和 83% 的护理工作者都是女性。[1] 这些例子中，社会再生产劳动被系统性地低估了，正如它在私人家庭这个黑匣子里被隐藏起来一样，尽管其对社会而言至关重要。照护工作者、托儿所助手、药房助理以及其他女性为主的职业，平均工资都低于公认的贫困线。[2]

在全球新冠肺炎大流行期间，劳动力市场内的性别不平等变得尤为明显。许多女性的职业——或者更确切地说，是"女性化"的职业——需要与病毒密切接触，这使得从事这些工作的人员面临着巨大的感染和传播风险。自治智库的研究根据日常工作中的实际距离和疾病前的暴露程度对不同职业进行了排名。新冠病毒通过呼吸以及空气与物体表面的颗粒物实现人传人，因而这项研究可以作为一般

---

[1] ONS, "Annual Population Survey-Employment by occupation by sex", 2020. 可查阅 http://www.nomisweb.co.uk/datasets/aps168/reports/employment-by-occupation?compare=K02000001；也可参见 Khurana, I. and Kikuchi, L., "Jobs at Risk Index (JARI)", Autonomy, 2020. 可查阅 http://www.autonomy.work/portfolio/jari。

[2] 贫困线——至少在全球北方——通常被理解为所在国家平均工资中位数的三分之二。有关该数据的可视化，可参见 Khurana and Kikuchi, "Jobs at Risk Index"。

指南，指出哪些类型的工作最容易接触新冠病毒。研究发现，"高风险"工作中的劳动力中有77%是女性，而在那些从事高风险工作且只获得贫困线工资的劳动者中，女性比例高达98%。

许多女性化职业的价值被低估，这意味着女性面临着更高的职业不稳定和流动性。21世纪初的自由派政治家试图发起倡议，推广"工作－生活"平衡（"work-life" balance），以此来解决女性显著的时间负担。这个术语的使用和流行都起源于1960年代的妇女解放运动，[1]但其后继者新自由主义的重新诠释却偏离了集体解放女性的愿景，而是转向雇主和工人之间更加个体化的关系。这项举措的一个重要部分，也是仍然蕴含着真正进步希望的部分，就是"弹性"工作概念的出现。[2]其中核心的进步理念是，工作所需的时间可以围绕员工生活的需求进行安排。

然而，当今劳动市场中，"弹性"工作的严峻

---

[1] Arenofsky, J., *Work–Life Balance* (Santa-Barbara: Green-wood, 2017), p. 4.

[2] Martin, A. and Scurrah, E., *Reclaiming Women's Time: Achieving Gender Equality in a World with Less Work* (London: New Economics Foundation, 2021).

现实已有充分记录。雇主使用弹性的合同条款，如无最低保障小时数的合同（零工时合同）和虚假的自雇手段，以便更容易地雇佣和解雇个人，并避免提供标准合同下员工享有的许多福利。[1] 在英国，超过一半的零工时合同工是女性，这使得不稳定的"弹性"——或单方面的弹性——成为一个性别问题。[2] 照护行业再次由于各方面的错误"脱颖而出"：在英国，35% 的照护工作者是零工时合同工。[3]

对有偿照护工作价值的持续低估，在英国以及其他国家产业结构转型的背景下更加凸显出来。正如海伦·赫斯特（Helen Hester）所论述的，虽然社会想象仍然固定在男性化的工作场所，如工厂、仓库或建筑工地，但在更发达的经济体中，很大一

---

[1] Wood, W., *Despotism on Demand* (Cornell: Cornell University Press, 2020); Cant, C., *Riding for Deliveroo* (London: Polity, 2018). Taylor, 2017, p. 42.

[2] Women's Budget Group, "Women, Employment and Earnings", 2018. 可查阅 http://www.wbg.org.uk/wp-content/uploads/2018/10/Employment-November-2018-w-cover.pdf。

[3] Skills for Care, "The state of the adult social care sector and workforce in England", 2019. 可查阅 http://www.skillsforcare.org.uk/adult-social-care-workforce-data/Workforce-intelligence/documents/State-of-the-adult-social-care-sector/State-of-Report-2019.pdf。

部分（且规模在持续增长）经济活动都集中在再生产部门的有酬劳动上。[1] 事实上，根据赫斯特和斯尼切克（Srnicek）的研究，目前在 G7 国家，医疗、教育、餐饮、住房和社会工作等社会再生产工作已占总劳动力的 23% ~ 28%。[2] 从这个视角看，即使在 1960 年代的工业化高峰期，美国只有 30% 的人从事制造业。[3] 尽管人口快速老龄化意味着我们的经济体将变得越来越"照护"导向，[4] 但以女性为主的照护工作者的薪酬和工作条件仍有很大的改进空间。

1　Hester, "Care Under Capitalism", pp. 343-52.

2　Hester, H. and Srnicek, N., "The Crisis of Social Reproduction and the End of Work", Open Mind, 2018. 参见 http://www.bbvaopenmind.com/wp-content/uploads/2018/03/BBVA-OpenMind-Helen-Hester-Nick-Srnicek-The-Crisis-of-Social-Reproduction-and-the-End-of-Work.pdf. 也可参见 Hester, H. and Srnicek, N., *After Work* (London: Verso, 2020)。

3　Hester and Srnicek, "The Crisis of Social Reproduction".

4　英国 65 岁以上人口将从现在的 1160 万增加到 2030 年的 1540 万，到 2050 年将超过 2000 万。"最老的老人"（85 岁以上）将翻一番，从现在的 160 万增加到 2041 年的 320 万，到 2066 年将达到 510 万，相当于总人口的 7%。参见 Age UK, "Later Life UK Factsheet"，可查阅 http://www.ageuk.org.uk/global assets/age-uk/documents/reports-and-publications/later_life_uk_factsheet.pdf。

"两班倒"和女性的时间贫困

女性进入劳动力市场不仅没有带来"向前一步"("lean in")言论所宣称的女权主义乌托邦,[1] 就连家务和照顾孩子这些生活必须的劳动也并未流向别处。无偿的再生产劳动仍然主要由女性承担,且往往她们还需要先做完本职工作。女性不仅没有从无偿的家务劳动中解脱出来,现在还被期望同时承担"生产性"和再生产劳动的职能。

英国国家统计局(ONS)的数据显示,2016 年,英国女性承担的无偿劳动比男性多 60%。[2] 这项研究还显示,女性贡献了照料儿童时间中的 74%,平均每周要花费 26 小时进行无偿家务劳动。相比之下,男性平均每周进行这类无偿劳动的时间为 16 小时。[3] 这就是社会学家所说的第二轮班[4]乃至第三

---

[1] 参见 Sheryl Sandberg's *Lean In* (New York: Alfred A Knopf, 2013)。对这一立场的批评,参见 Nicole Ashcroft's *New Prophets of Capital* (London: Verso/Jacobin, 2015)。

[2] ONS, "Women shoulder the responsibility of 'unpaid work'", 2016. 可查阅 http://www.visual.ons.gov.uk/the-value-of-your-unpaid-work。

[3] Ibid.

[4] 此处原文为 the second shift,指"第一班"——也就是正式工作——下班后的工作。——译者注

轮班的工作：女性在有偿工作、家务劳动和情感抚慰劳动方面承担着不成比例的负担，这是个结构性的问题。[1]

因此，尽管女性常常从事的工作本已经更容易导致压力、职业倦怠和耗竭了，而女性还总是被期待承担无偿家务劳动，这进一步加剧了这种压力。正如德博拉·哈格里夫斯（Deborah Hargreaves）所说，职场女性不得不适应并融入的就业环境是为根本没有无偿劳动负担的人设计的："工作场所是由男性建立的，以适应男性的职业模式……在西方世界中，这样的模式百年来几乎没有根本性的结构转变。"[2]

当前被广为接受的工作时长和模式特别体现了

---

[1] 阿莉·霍克希尔德（Arlie Hochschild）在其 1989 年出版的《第二轮班：职场父母与家庭变革》（*The Second Shift: Working Parents and the Revolution at Home*）一书中，创造了"第二轮班"一词。邓科姆（Duncombe）和马斯登（Marsden）认为，女性的"第三轮班"构成了对有偿就业、家务劳动以及对家庭成员和所爱之人进行情感照顾的负担。参见 "Women's 'Triple Shift' (Gender and Emotional Work in Families)", *Sociology Review* 4: 4, 1995, 30。

[2] Hargreaves, D., "Women at work designing a company fit for the future", Friends Provident, 2019. 可查阅 http://www.friendsprovidentfoundation.org/wp-content/uploads/2019/06/Women-at-work-Download.pdf, p. 5。

这种不公允、性别化的设定：它们是围绕男性劳动者建立的，这些劳动者几乎不被期望在他们的工作之外承担再生产劳动。凯西·威克斯回顾了 20 世纪初为 8 小时工作日而战并取得胜利的男性工会成员，她不禁想道，"如果（他们）也要承担无偿家务劳动的话，很难想象还能指望（他们）每天至少工作 8 小时"[1]。

新冠肺炎的危机再一次揭示了这种性别间的劳动时间不平等。研究表明，在大流行的第一阶段，在每周正常上班同时还承担育儿责任的女性中，86% 的人出现了某种形式的心理健康问题。[2] 智库指南针（Compass）、自治智库和"4 天工作制运动"（4 Day Week Campaign）联合发布了报告，报告指出，在新冠肺炎大流行期间，相较男性，女性加班的可能性高出 43%。[3] 由居家办公所代表的工作形态进一步剥夺了女性更多的时间。

---

[1] Weeks, *The Problem with Work*, p. 163.

[2] Murray, *Burnout Britain*, p. 5.

[3] Ibid.

为家务劳动付薪：将时间留给自己

西尔维亚·费代里奇（Sylvia Federici）在她极具影响力的小册子《以工资反对家务劳动》（*Wages Against Housework*）中总结了这场同名社会运动的目标。[1] 她认识到，家务劳动带给女性的牢笼代表了"来自现代资本主义最普遍的操纵和最微妙的暴力"。她和同时代女性要求给家务劳动付薪，以结束这一现状；这意味着对家务劳动的重新定义和估价，并"揭露和颠覆女性在资本主义社会中被绑定的角色"[2]。

"为家务劳动付薪"的要求与钱本身的关系不大，它更多的是要求不再把做家务视为女性的天性，以及将家务劳动与女性气质分离。费代里奇说："在这种要求下，我们的'天性'终结了，我们的斗争开始了。"[3] 至关重要的是，要求为家中隐形的工作付薪，是要使这项工作"有价值"，使其与社会

---

[1] 这本《以工资反对家务劳动》的小册子，收录在费代里奇之后的作品《零点革命》（*Revolution at Point Zero*）中。

[2] Ibid., p. 16.

[3] Ibid., p. 18.

认可的、出现在财务报表上的工作等肩。如果我们以此调整了看待家务劳动的视角——这是"为家务劳动付薪"（WfH）运动的革命性转变——那么我们的经济（以及我们的生活）将被彻底颠覆。

WfH 也同样挑战了现行的时间观念。毕竟，在 WfH 的观点中，做家务是实打实的劳动时间。如果能迫使社会（尤其是那些拥有政治和经济权力的群体）承认照顾儿童、准备食物和家务劳动的时间也是合法的工作时间，这将是一次革命性的转变。例如，如果把一个单身母亲的全职工作和家庭责任加在一起算，还不能让她一周工作超过 40 小时，我们要怎么做？她有多少工作需要分配给其他人？既然这些劳动时间也有经济价值，她应该得到多少报酬呢？

社会科学的工具在这里可以发挥作用。社会学家一直试图量化社会再生产活动的经济价值，玛格丽特·瑞德（Margaret Reid）在 1930 年代的早期工作引领了这一方向。[1] 伦敦大学学院耗时研究中心（Centre for Time Use）的工作人员最近也做出

1　Reid, M., *The Economics of Household Production* (New York: John Riley, 1934).

了估算。[1] 他们多年来利用"耗时手册"（time-use diaries），根据专业育儿工、洗衣和干洗工、托儿所教师等职业（这些工作都是有偿的，而家庭内的同类工作都是免费的）的同等"替代"劳动时间的成本，计算出迄今为止无偿工作时间的经济价值。将这些劳动的市场价乘以英国人口记录在案的无偿工作小时数，"结论是1975年的无偿工作时间总价值估算约为260亿英镑，2015年则约为4490亿英镑"。[2] 这意味着英国GDP中，有令人震惊的25%是由家庭中的隐形劳动构成的，[3] 这还不包括这项工作的原材料和其他中间商品的成本。[4]

---

[1] Gershuny, O. and Sullivan, O., *What We Really Do All Day: Insights from the Centre for Time Use Research* (London: Penguin, 2019).

[2] Ibid., p. 143.

[3] 英国国家统计局（The Office For National Statistics，即ONS）对2018年全国无偿工作总价值（包括中间产品、原材料等）的估计为1.24万亿英镑，占全国GDP的63.1%（其规模大于英国的非金融企业部门）。参见ONS, "Household satellite account, UK: 2015 ad 2016", 2018. 可查阅 http://www.ons.gov.uk/economy/nationalaccounts/satellite-accounts/articles/householdsatelliteaccounts/2015and2016estimates。

[4] 这种核算是一种政治工具。用费代里奇的话说："在这方面，没有什么比表明我们女性的美德已经具有的可计算的货币价值更有效的了：直到今天，对资本而言，这种核算的数字越高，就意味着我们被打败的越彻底；而从现在开始，我们应该用这种核算反对资本，使之成为组织我们力量的源泉。"(*Revolution at Point Zero*, p. 20)

因此，在家务劳动场域的女权主义斗争（这一斗争与当下生活仍息息相关）是为了让不可见或"被删除"的工作时间被认可而斗争。但是这场运动中更为激进的人物，比如费代里奇，还进一步提出：认可这项工作的价值，只是减少它的第一步。正如费代里奇所声明的，"我们想为家务劳动的每一分钟争取报酬，这样我们才可以拒绝做其中的一些工作，直到最终拒绝做所有家务"[1]。在这里，争取空闲时间的斗争与女权主义重估家务价值的要求交汇了；争取时间支配权的同时，也是在争取性别平等。

朝向更公平的工作和时间分配方案

显而易见，现代工作世界和"官方"劳动力市场是在性别不平等的形式下创建的，直到今天，它仍然深刻影响着人们的生活体验。女性在两方面都受到不公平待遇：她们仍然承担着作为社会支柱的大部分无偿照护工作，并且在有偿工作领域面临比

---

1 Ibid.

男性更差的工作条件。

解决这些不平等涉及到整个社会重新定义我们的工作方式,以及改变我们工作的时长。这意味着减少现行定义里全职工作的时长,以便考虑到劳动力市场之外还在进行着的工作。减少所有人的每周雇佣工作时间可以打开一个空间,让男性和女性能更公平地分配家务:"第二轮班"的工作可以成为更平等的"家务平摊"("job share")。此外,减少雇佣工作时长,也可能减轻深受倦怠和压力困扰的工作者的压力。我们已经看到,在诸如教师和护士的这一类工作中,女性占压倒性的比重。因此,减少每周工作时间,既承认了就业对女性工作者的健康影响更大,也为家庭所需的照护工作提供了更多时间。[1]

减少女性的工作时间还可采取其他形式,其中一个积极的方向是延长或允许重新分配陪产假,并将其作为一项普遍权利。允许男性为照顾新生儿而从有偿工作中休长假,或者创造将产假转移给父亲

---

[1] Harper, A. and Stronge, W. (eds) *The Shorter Working Week: A Radical and Pragmatic Proposal* (Hampshire: Autonomy, 2019). 可查阅 http://www.autonomy.work/portfolio/the-shorter-working-week-a-report-from-autonomy-in-collaboration-with-members-of-the-4-day-week-campaign。

们的机会，有助于打破让母亲作为主要照顾者的传统观念。[1]如果母亲愿意，这还可以为她们提供机会，使她们不必被迫中断工作，从而妨碍到职业晋升和薪酬增长。

除了减少每周工作时间，我们还需要对工作场所进行更多结构性的和基础设施层面的改变，以减轻无偿家务的时间负担。对照护工作和其他局限于家庭的活动进行社会化和再分配的提议，与女权主义理论的深厚历史不谋而合。如社区厨房、熟食服务（cooked food services）、"无厨房家庭"和"无家务城镇"等，都是19世纪唯物主义女权运动中流行的激进思想的一部分。[2]在当代关于基础设施的新公共形式的提案中，这些想法被采纳。最近出现的长期护理中心（在家庭之外和社区内建立一个

---

[1] 根据经济合作与发展组织（Organisation for Economic Co-operation and Development, 即OECD）2016年的一份报告，男性育儿比例最高的七个国家（冰岛、瑞典、葡萄牙、挪威、卢森堡、比利时和德国）都有针对父亲的带薪育儿假。参见OECD, *Background Brief on Fathers' Leave and Its Use*, March 2016。可查阅http://www.oecd.org/backgrounder-fathers-use-of-leave.pdf。

[2] 关于19世纪美国唯物主义女权运动更进一步的分析，参见Dolores Hayden's *The Grand Domestic Revolution* (1982)。

空间，围绕不同类型的照护者和接受照护者的重叠需求而建）和开放式社区工作空间，都表明工作时间可以分配进整个社区，而不是集中在家庭内，最终落在一个人的肩上。[1]

在21世纪，缩短每周工作时间应该是劳动者进步运动的核心目标，但要实现这一目标，就要在"劳动者"的定义中补充女权主义的视角。如果我们的目标是在职场实现平等，那么，我们必须理解职场不仅仅是办公室、仓库或工厂；我们必须记住，我们的经济、家庭和生活是由通常未付薪或薪酬较低的照护劳动支撑的，这些劳动主要由女性在家庭空间中进行。我们需要认识到，女性也处在劳动力市场中最险要的位置，常常从事不稳定的工作。最终，我们必须承认"两班倒"和"三班倒"的现实，并努力找到重新分配工作的方法，以便我们都能减少工作。

---

1 关于长期护理中心的例子，参见 Farruggia, F. et al., *Long Term Care Centres: Making Space for Ageing* (Hampshire: Autonomy, 2020)。可查阅 http://www.autonomy.work/wp-content/uploads/2020/11/LTCCv7.pdf；关于开放式社区工作空间的例子，参见 Farruggia, F. et al. *The New Normal: A Blueprint for Remote Working* (Hampshire: Autonomy, 2020)。可查阅 http://www.autonomy.work/2020_OCT26_RWB.pdf。

4
是时候关注环境了

> 构建基于可持续经济秩序的替代性繁荣政治，需要被视作解放事业的延续。如果我们对全世界的穷人福祉有着普世性的关怀，且关注未来世代的生活质量，那么我们必须发起运动，去改变富裕群体对于工作、消费、愉悦、和自我实现的态度。[1]

对于人类物种而言，如何迈向生态永续的生活方式（即在星球可承载的范围内），或许已经成为当今时代最紧迫的问题。[2] 在这个议题中，与前面我们已经讨论过的经济不平等、自由、性别平权问题一样，缩短每周工作时间同样扮演着重要角色。简单来说，从环境的角度看，减少工作不仅必要，而且诱人。

---

[1] Soper, K., *Post-Growth Living: For an Alternative Hedonism* (London: Verso, 2020), p. 185.

[2] 在 2019 年政府间气候变化专门委员会（Intergovernmental Panel on Climate Change, IPCC）的"排放差距"（译按：Emissions Gap，指全球温室气体排放量与实现全球变暖控制目标所需的排放量之间的差距。）报告中，明显强调了气候行动的迫切性。该报告得出结论，各国必须在 2020—2030 年每年减少 7.6% 的排放，从而实现将全球气温上升控制在最多 1.5°C 的目标。而对于将上升气温控制在 2°C 以内的目标，则需要各国每年减少 2.7% 的排放。当然，减少碳排放并非我们面临的唯一环境挑战。

改变衡量标尺

气候危机迫在眉睫,资本主义增长模式迫切需要改变,这催生了一系列经济学领域内的新学科和新方法。其中一种方法被称作"去增长"(degrowth)——一种已经活跃了几十年的研究和行动主义流派,[1] 它最初受到安德烈·高兹政治生态学的启发。那些支持去增长学说的人将其方法定义为对于经济增长的最早和最具前瞻性的批判。[2] 经济增长本身是不可持续的,因为它和温室气体排放以及其他负面经济影响之间的关系不可分割。[3] 与强调"绿色增长"或者"社会主义增长"的观点相反,[4] 去增长主义者主张废除以增长作为目的的

---

[1] 我们注意到"负增长"和"后增长"之间有时存在分别——前者通常代表一种旨在积极地减少经济活动的立场,而后者可能被描述为在增长问题上持一种"不可知"(agnostic)的态度,并有意将关注点转向其他指标来衡量是否繁荣。

[2] D'Alisa, G., Demaria, F., Kallis, G., *Degrowth: A Vocabulary for a New Era*. (New York: Routledge, 2015), p. 3.

[3] Corlet Walker, C., "'Green growth' is not the solution", CUSP, 2019. 可查阅 http://www.cusp.ac.uk/themes/aetw/blog-ccw-decoupling-debunked。

[4] Philipps, L., "The Degrowth Delusion", *openDemocracy*, 2019. 可查阅 http://www.opendemocracy.net/en/oureconomy/degrowth-delusion。

做法，取而代之的是建立一种专注于使用更少的自然资源来建设我们的生活与工作的政治经济体系。[1]

比起推进一种注定会带来紧缩、稀缺和衰退的经济模型（这些社会经济后果通常与平稳或无增长的经济相关），去增长和后增长主义者赞成的经济标准和目标，是推动基于分享、欢乐、关怀和共同利益的替代性生活方式。正如著名的生态经济学家乔治斯·卡利斯（Giorgos Kallis）[2]和他的同仁所总结的：

> 可持续的去增长，可以被定义为公平地缩减生产与消费，从而在短期和长期内同时提升本土和全球的人类福祉和生态环境。"可持续"并不意味着去增长无限期地持续下去，而是指过渡/转型过程和最终状态在环境和社会方面都应该是可持续的。因此，去增长的典型主张是人类可以在经济不增长的情况下取得

---

[1] 参见 Gorz, A., *Capitalism, Socialism, Ecology* (London: Verso, 2012), p. 33。
[2] 乔治斯·卡利斯是一位著名的希腊生态经济学家和环境人类学家。他以可持续性、社会和经济发展以及生态学方面的研究贡献而闻名。——译者注

进步。[1]

迈向去增长经济模式，必须摒弃将 GDP 增长作为衡量经济成就的尺度，并从根本上重新校准什么是我们所珍视的。简而言之，就是改变标准。比起把永久性的增长视作目的本身，可持续的去增长方法将采用能够体现并促进社会福祉、生态永续和社会公平的衡量标准。[2]

通过减少工作来降低碳足迹[3]

去增长的支持者认为，向新经济的转型将会被一系列政策措施所支持，这些措施将积极鼓励基于资源循环而非资源开采的经济活动。[4] 这些政策标

---

1 Schneider, F., Kallis, G. and Martinez-Alier, J. "Crisis or Opportunity? Economic Degrowth for Social Equity and Ecological Sustainability. Introduction to This Special Issue", *Journal of Cleaner Production* 18: 6, 2010, 511-18.
2 Ibid., p. 513.
3 表示个人、组织或活动在产生温室气体排放方面的贡献。——译者注
4 "循环经济"这个词不仅被环保活动家使用，还被各种企业使用。这很有可能是为了将他们的经营活动有意绿色化（greenwash）。在某些情况下，循环经济被认为能够在特定领域带来巨大增长。然而，如果循环经

准通常包括基本收入标准（在不考虑个体收入或受雇状态的情况下制定一个收入底线），一系列全民共享的社会服务（比如免费的公共交通、住房、医疗保健和教育），并对个人资产征收高税率和实施监管（以此减轻消费主义，并促进更具环境可持续性的能源和资源利用）。

去增长计划中的重要元素之一，是工时长短和降低工时。[1] 减少工作不仅可以降低劳动过程中所需的大量资源，它还可以降低经济学家朱丽叶·B. 朔尔（Juliet B. Schor）所说的与"工作和花费"循环相关的碳密集型消费的数量。[2] 朱丽叶·B. 朔尔和她的同事评估了27个经济合作与发展组织成员国所造成的环境影响，他们估算，减少四分之一的

济模型得到彻底执行——遵循最大重复使用、最大寿命和最大可回收性原则——很难想象增长的情景会和我们迄今为止所知道的有任何相同之处。关于"循环"标签的不同使用和滥用之间张力的介绍，可参见威尔·杰米森（Will Jamieson）的博客"Unfurling the circular economy: separating substance from style", Autonomy, 2020。可查阅 http://www.autonomy.work/portfolio/circulareconomy。

1　A. Hayden, *Sharing the Work, Sparing the Planet – Work Time, Consumption and Ecology* (London: Zed Books, 1999).

2　Schor, J., *The Overworked American* (New York: Basic Books, 1992).

工时可以降低多达 30% 的碳足迹[1]。对于普通的英国工人来说，这意味着把每周 42 小时的工作砍为每周工作 31 小时多一点，也就是一周只需要工作 4 天。

在美国，一项从去增长学说中获得灵感的研究估算了工作时长较短或较长的家庭所消费的单个物品的碳足迹。简而言之，根据调查报告，每个家庭所消费的每件物品都根据其所消费商品的碳密集程度进行了排序，从包装食品到衣物等等，他们的结论是什么？工时更长的家庭有着更多的碳足迹，这揭示了越来越不可持续的消费和高负荷的生活方式之间令人忧虑的关联。[2] 这项研究与我们个人的日常生活经验一致。比如早出晚归的生活方式往往会

---

[1] 在一项早前相似规模的研究中，奈特（Knight）等人对工作时间与三个环境指标（生态足迹、碳足迹和二氧化碳排放）的影响进行了调查。该研究得出结论：高收入国家的工作时间与环境压力（即上述的所有环境指标）存在显著关联，因此在宏观层面减少工作时间，"就促进环境可持续性而言，可能是一项有吸引力的政策目标"。（第 689 页）参见 Knight, K. W., Rosa, E. A. and Schor, J. B., "Could Working Hours Reduce Pressures on the Environment? a Cross-National Panel Analysis of OECD Countries, 1970—2007", *Global Environmental Change* 23: 4, 2013, 691-700。

[2] Fremstad, A., Paul, M. and Underwood, A., "Work Hours and CO2 Emissions: Evidence from U.S. Households", *Review of Political Economy* 31: 1, 2 January 2019, 42-59, doi.org/10.1080/09538259.2019.1592950.

导致依赖由摩托车配送的外卖，或者因为太累而没有精力做饭直接将速食丢进微波炉里，要么吃一顿被塑料层层包裹的早餐。

这些发现强调了减少工时这项主张中很重要的一点：我们必须大幅度降低我们的工作时间，这不仅是因为我们的工作是高碳的，还因为在我们的工作之余产生的消费也增大了碳排放。

绿色新政[1]：创造更好的工作生活的机会

去增长的支持者们做出了宝贵贡献，尤其是他们点出了当下一味追求经济增长的问题所在。然而，热衷于"去增长"的人们往往会忽略，如果要按所需速率减少碳排放，一些特定经济领域将需要快速增长。经济学家罗伯特·波林（Robert Pollin）认为，世界各国政府的主要目标，应当是同时从宏

---

1 "绿色新政"（Green New Deal，简称 GND）是一个政策提议，旨在应对气候变化、刺激经济增长并提高社会公平。这个提议以罗斯福总统领导的"新政"（New Deal）为灵感，但它的重点是在经济领域采取一系列措施，以减少温室气体排放、增加可再生能源使用和创造更多的就业机会。——译者注

观和微观层面上减少化石原料消耗(与去增长者的主张一致),并大量投资绿色能源基础设施作为替代品。[1]这样最终既可以促进经济(GDP)迅速增长,还能有力地推进可行的气候稳定项目。[2]这和绿色战略之间有着细微差异:引发环境问题的并不一定是经济增长,而是哪些特定经济领域的增长、以及多大程度上的增长。

然而,也有批评指出去增长策略缺乏政治眼光。在去增长学说中,很难找到一种可实施的、或者在政治上可行的策略,从而兼顾到政治治理、权力关系和建立共识方面存在的问题。[3]虽然从宏观层面上看,去增长的模型表明,通过"工作共享"(work-sharing)的形式,所有劳动者的工作都可以重新再分配,但它往往缺少在现实中实施这一举措的细节规划——即便是在国家的层面上(先不提

---

[1] 这种脱钩是否可能,是当代辩论的焦点。参见 Christie, I., Gallant, B. and Mair, S., "Growing pain: the delusion of boudless economic growth" (CUSP 2019)。可查阅 http://www.cusp.ac.uk/themes/aetw/blog-growth-delusion。

[2] Pollin, R., "De-Growth vs a Green New Deal", *New Left Review* 112, July–August 2018.

[3] Frankel, B., *Fictions of Sustainability: The Politics of Growth and Post-Capitalist Futures* (Melbourne: Greenmeadows, 2018).

全球去增长)。很多问题仍然悬而未决,比如说,在持续的去增长战略下,目前在需要被淘汰的行业中工作的工人将面临什么局面,或者随着经济萎缩,为了保护工资水平需要采取什么保障措施(如果这些措施可行的话)。

如果说去增长经济学在经济计算和批判的层面上来讲还有其不容置疑的作用,但要真正拿出一个有成功概率的、充满改革必要性的绿色政治策略,则还有很长的路要走。然而,一个激动人心且颇具雏形的政治变革可能会改变这个状况——绿色新政。尽管绿色新政仍处于不断发展完善的概念阶段,正如世界各地涌现出的众多不同版本所表明的那样,但其理论来源可以追溯至《纽约时报》的记者托马斯·洛伦·弗里德曼(Thomas Loren Friedman)[1]。[2] 在文章《一则来自花园的警示》

---

[1] 托马斯·洛伦·弗里德曼,犹太裔美国新闻记者、民主党人、专栏以及书籍作家,并是普利策新闻奖的三届获奖者。——译者注

[2] 举例来说,美国国会女议员亚历山德里亚·奥卡西奥-科尔特斯在众议院提出了一项提案,提议为美国制定一项绿色新政策,其中包括在经济改革的全面计划中为每位美国公民提供就业保障。参见 Ocasio-Cortez, A., "Resolution Recognizing the Duty of the Federal Government to Create

（A Warning from the Garden）中，弗里德曼主张，为了扭转气候变化，采取的产业和财政政策要媲美罗斯福政府的雄心壮志才行。[1] 英国经济学家安·佩蒂福（Ann Pettifor）[2]在《为什么我们需要绿色新政》（*The Case for the Green New Deal*）[3]一书中，记述了绿色和平（Green-peace）[4]的成员及活动家科林·海

---

a Green New Deal", Resolution presented to the House of Representatives, 2018。可查阅 http://www.ocasio-cortez.house.gov/sites/ocasio-cortez.house.gov/files/Resolutionpercent20on per cent20a per cent20Green per cent20New per cent-20Deal.pdf。

在英国，工党的 2019 年宣言提出了在"绿色工业革命"计划下的绿色新政版本。经济学家亚尼斯·瓦鲁法基斯（Yanis Varoufakis）则更进一步提出了一项国际绿色新政，旨在于生产、创新和修复等领域创造环境和社会意义上的正义。参见 Varoufakis, Y. and Adler, D., "It's time for nations to unite around an International Green New Deal", *The Guardian*, 2019。可查阅 http://www.theguardian.com/commentisfree/2019/apr/23/international-green-new-deal-climate-change-global-response。

1 Friedman, T., "A Warning from the Garden", *The New York Times*, 2007. 可查阅 http://www.nytimes.com/2007/01/19/opinion/19friedman.html。

2 安·佩蒂福，英国经济学家，为政府和组织提供建议。她的工作重点是全球金融体系、主权债务重组以及国际金融和可持续发展。佩蒂福以正确预测 2007—2008 年的金融危机而闻名。——译者注

3 Pettifor, A., *The Case for the Green New Deal* (London: Verso, 2019).

4 绿色和平是在超过 55 个国家设有分部的非政府环保组织，总部设立在荷兰的阿姆斯特丹，1971 年由美国与加拿大裔环保主义者成立，组织的宗旨为"保护地球孕育全部多样性生物的能力"，他们的活动聚焦于气候变化、森林采伐、过度捕捞、商业捕鲸、基因工程以及反核议题。——译者注

因斯（Colin Hines）是如何接受了弗里德曼所提出的挑战，委托编写了一份绿色新政可能包括的具体细节的报告。[1] 报告描述，绿色新政将是一个相互关联的政策提案框架，旨在解决"信贷危机、气候变化和高油价这三重冲击"。[2]

尽管绿色新政要求从国家和国际层面上改变经济和生态体系，要从根本上变革金融体系、全球经济和地球生态系统的运作方式，[3] 但其改革工作世界的目标并不令人满意。[4] 在这里，把当前绿色新政的主张与1930年代的罗斯福新政进行比较会很有启发。在罗斯福新政中，我们发现了在经济危机中期考虑劳动者福利的先例，这些先例包含在其开创性的劳动力市场改革中，这些改革今天也很需要。举例来说，1938年的《公平劳动标准法》（Fair

---

[1] Elliott, L. et al., *A Green New Deal: Joined-up Policies to Solve the Triple Crunch of the Credit Crisis, Climate Change and High Oil Prices.* (London: New Economics Foundation, 2008). 可查阅 http://www.neweconomics.org/uploads/files/8f737ea195fe56db2f_xbm6ihwb1.pdf。

[2] Ibid., p. 1.

[3] Pettifor, *The Case for the Green New Deal*, p. 7.

[4] 我们认为，绿色新政有可能过于贴近资本主义的意识形态和不同形式的资本主义，比如说：工业主义。

labor standards act,简称 FLSA）[1] 确立了一周 40 小时的常规工作时间，以及最低工资标准。

这些改革的幕后功臣是弗朗西丝·珀金斯（Frances Perkins）[2]，她是第一个在美国内阁就职的女性，也是工人权利和性别平权的热情支持者。[3] 在这项法案立法的前几年，在大萧条最严重时，《总统再雇协议》（President's Reemployment Agreement）通过了，该协议实质上来自最高层的批准，鼓励企业缩短每周工作时间，提高工薪水平。[4] 这一系列改革为美国的工作者们提供了关于自由和繁荣的全新集体观念，改善了他们的工作环境。在这样的做法下，罗斯福新政把华尔街危机转变为实现长期变革的契机，并阐述了一种全新的未来愿景。我们如今的目标，即便在最低的标准上，也不能低于罗斯福和他团队的雄心。

以这种想法为基础，在罗斯福新政已经过去了

---

[1] 《公平劳动标准法》是 1938 年美国罗斯福政府通过的改善劳资关系的法律。——译者注

[2] 弗朗西丝·珀金斯，美国政治家，民主党人，曾任美国劳工部长。她是美国第一位女性内阁成员。——译者注

[3] Duncombe and Marsden, "Women's 'Triple Shift'", p. 30.

[4] Harper and Stronge, *The Shorter Working Week*.

80多年的今天，绿色新政方案在推动彻底变革和鼓舞人心的计划方面又能提供些什么呢？绿色新政下，工人们有何愿望？或者换句话说，绿色新政中体现了哪些罗斯福新政的特征？其倡导者们对于减少工时怀有多大的雄心？

对于这些问题，我们能在现实中找到的答案并不多。在美国版本的绿色新政中，核心支柱包括了就业保障——一项致力于对失业和低薪两大问题提供普遍性解决方案的政策提议。[1] 就业保障是一个政策框架，其中政府有义务为任何需要工作的人提供岗位。[2] 为了确保在快速、彻底的经济转型中不让任何一个人掉队，就业保障已经成为了许多版本的绿色新政的支柱政策。如此一来，这一政策尝试为那些生计会因绿色新政受到影响的人群（例如碳密集型行业的工人）提供解决机制，同时加强工人的权力（在绿色新政下创造的工作岗位将是有工会

---

[1] 在大西洋的对岸，英国也采纳了就业保障政策，既作为工党的"绿色新政"的一部分，又作为应对新冠肺炎疫情恢复的提案（TUC, "Workers in the UK"）。

[2] Aronoff, K., Battistoni, A., Aldana Cohen, D. and Riofrancos, T., *A Planet to Win: Why We Need a Green New Deal* (London: Verso, 2019), p. 88.

和集体谈判权利的)。

在美国的绿色新政主张中,正如亚历山德里亚·奥卡西奥-科尔特斯[1]所起草的那样,就业保障计划建立在以下三个关键承诺的基础上:第一,创造大量优质高薪的工作岗位;第二,向美国全体公民提供前所未有的安全和繁荣;第三,反抗各种形式的不公。[2] 然而,虽然就业保障计划可以解决影响今天工作者的一些基本问题(如不稳定、低技能、低薪的工作),但它很少考虑到在去增长经济学中普遍存在的可持续性和工作时间的关系问题。

类似的问题也出现在了英国政坛对绿色新政的解读中。在2019年的英国大选中,工党决定将绿色新政重新定义为"绿色工业革命"("Green Industrial Revolution")。暂且不论绿色工业主义的可行性,以及它能否大规模提供"好"工作,现在

---

[1] 亚历山德里亚·奥卡西奥-科尔特斯,美国政治人物、社会运动人士,第116届美国众议院议员。她支持民主社会主义,是"美国民主社会主义者"组织的成员。——译者注

[2] Ocasio-Cortez, "Recognizing the Duty of the Federal Government".

我们必须质疑是否应该重新构想与19世纪工业主义相关的劳动和社会条件。正如我们在导言中看到的那样,恩格斯对维多利亚时代英国工人阶级生活状况的调查,展现了一幅描绘社会剥削、不平等和极端劳累的黯淡图景——工业主义往往会导向过度劳累和剥削。

简单来说,当前有一个倾向,正如美国的就业保障政策和英国的"绿色工业革命"策略所证明的那样,绿色新政的支持者赞成在绿色政策范围内过度强调劳动和劳动者的作用。上文提到的《为什么我们需要绿色新政》就是一个例子,作者安·佩蒂福主张绿色新政的经济将会是劳动力密集型的,因为从高效能的化学能源转变为低效能的可再生能源会导致减产。她还详细阐述了"经济活动如何无法由太阳能赋能,只能由人力资源——劳动力,所赋能"。[1] 她认为,英国的绿色新政将动员起一个由劳动者组成的"碳军队",去发起和维持转型。[2]

在这些宣言的背景下,绿色新政转向了亲"社

---

[1] Pettifor, A., *The Case for the Green New Deal* (London: Verso, 2019), p. 99.
[2] Ibid.

会主义现代化"的方向——也就是在前几章中,凯西·威克斯提醒我们要反对的方向。一个类似军事动员规模的劳动密集型社会,难道不是忽视了工作只是手段而非目的,是一种让人们可以藉由它去追求志趣的必需(但非必然期望)的工具吗?正如采取大规模泰勒式[1]生产的早期苏联梦一样,劳动力密集型的绿色新政很可能会采取资本主义生产体系的核心原则——尤其是其非理性的"工作价值伦理"。

佩蒂福有着这样的抱负:绿色新政所创造的工作,因为由"技能、培训和高等教育"所支撑,所以它们富有意义。她说:"绿色新政的承诺,是劳动者会通过有意义的工作而获得奖励,并被技能、训练和高等教育武装。"[2]

尽管没有人能反驳"有意义的工作"或者"获得技能"之类的目标,但这些名词对于从新工党时

---

[1] 该制度是由弗雷德里克·泰勒开发的管理理论,旨在通过精确的分工和劳动效率的最大化来提高生产效率。泰勒制度通常与科学管理和工业工程方法相关,它将生产过程分解成小而精确的任务,以便提高生产效率和工人表现。这个术语通常与工业制造和生产管理相关。——译者注

[2] Pettifor, A., *The Case for the Green New Deal* (London: Verso, 2019), p. 100.

代就在听"受雇能力"("employability")、"提升技能"("upskilling")的人来说,无非是空洞的许诺。[1]我们真的能期待绿色新政带来的数以万计的工作机会都是有意义的和能实现自我价值的么?它能够扭转几个世纪以来现代劳动力市场标志性的标准化、程式化和管理纪律么?绿色新政下的工作——不管它们是要恢复自然景观、升级改造现有住房,还是要保持能源基础设施等——难道不会被卷入到艰巨、重复、标准化以及受管理的漩涡中么?亚当·斯密、凯恩斯、马克思、罗素,还有过去几个世纪以来数不清的劳动者的日常经验都告诉我们,对于仅仅通过更换职业和提高工作保障就能消除工作痛苦的计划,我们仍然持怀疑态度。[2]

总之,绿色新政忽略了其新社会愿景中的一个关键问题。评论家沙拉钱德拉·莱勒(Sharachandra

---

[1] Peck, J., *Workfare States* (New York: Guildford Press, 2001).

[2] 关于就业保障的其他批评意见,参见 Standing, G., "Why a Job Guarantee is a bad joke for the precariat-and for freedom", openDemocracy, 2018。可查阅 http://www.neweconomics.opendemocracy.net;以及 Sligar, D. and Sturgess, H., "Would a job guarantee be Work for the Dole 2.0?", Inside Story, 2020。可查阅 http://www.insidestory.org.au。

Lele)[1]等人强调,如果不考虑"多维度福利"("multi-dimensional wellbeing"),绿色新政的立场就可能沦为单一目标的方案,这些方案充其量只是优先创造大量就业岗位,最坏的情况下则是优先GDP增长,从而维持了工业主义的精神和实践。[2]不要忘记,仅仅实现环境可持续或创造就业本身,对于一个"良性社会"来说都是不够的。关键在于将这些目标与个体福祉(包括自由),集体平等以及这些目标跨世代的持续可持续性结合起来。[3]

减少工作既必要又诱人

从我们的观点来看,无论是去增长、后增长还是绿色新政,这些策略都证明了在任何一种"后碳"政治经济体系中,缩短工时都需要被置于核心

---

[1] 印度著名环境学家和生态学家,他在环境伦理、生态学、可持续发展和自然资源管理等领域有广泛的研究和贡献。他的研究致力于探讨人与自然之间的互动,以及如何实现可持续的环境管理和社会发展。——译者注

[2] Lele, S., 'Environment and Well-Being: A Perspective from the Global South', *New Left Review* 123, May-June 2020.

[3] Ibid., pp. 42-5.

地位。缩短工时不仅提供了一种相对简单高效的减排方式，也为我们迫切需要的全新经济提供了清晰的目标和远景——一个建立在环境正义和社会正义之上的经济体。尽管在国际和国家层面上绿色新政的内容仍在不断完善，但它无疑是实现后碳经济，超越新自由主义，甚至可能超越资本主义本身的最具前景的政治经济手段。

然而，这不意味着要放弃去增长或者后增长经济学，而是要将其融入到绿色新政的政治方案的发展中。从这个角度来说，我们必须避免把去增长和绿色新政简单理解为非此即彼（binary）的选择，认为两者无法结合。在环境经济学和进步政治运动之间建立联盟，可以帮助阐明转向后碳经济时代如何能够吸引人们关注到这一方式，即资本主义不仅延续环境不公正，而且在全球或普遍层面上也延续社会和经济不公正的方式。

虽然绿色新政仍处于早期阶段，但一些提案已经开始认识到，为什么缩短工时既是环境正义政策，也是社会正义政策。欧洲绿色新政倡议（Green New Deal for Europe initiative，简称 GNDE）提出了一个公共工程计划（和最初的罗斯福新政同根同源），其中包括大规模改造住房，以及对工人合作社、对维修和再利用设备进行投资等内容。在欧洲绿色新政的计划中，如此大规模的转型将需要数百万个工作岗位，这些岗位都将实行更短的工时，这将为欧洲其它的劳动力市场树立先行榜样。这与那些支持去增长和后增长的各类经济学家的观点是一致的：[1] 减少工时将有可能成为促进财富再分配、防止大规模失业的关键性策略。

同样，看到绿色新政的主要支持者凯特·阿罗诺夫（Kate Aronoff）[2] 和西亚·里奥弗朗科斯（Thea Riofrancos）[3] 把减少工时作为她们绿色新政诉求的核心议程，的确很令人振奋。[4] 虽然两位作者仍然

---

[1] Jackson, T., and Victor, P., 'Productivity and Work in the "Green Economy": Some Theoretical Reflections and Empirical Tests', *Environmental Innovation and Societal Transitions* 1: 1, 2011, 101-8, doi.org/10.1016/ j.eist. 2011.04.005.

[2] 凯特·阿罗诺夫是《新共和国》(*The New Republic*)的一名特约撰稿人。——译者注

[3] 西亚·里奥弗朗科斯是普罗维登斯学院（Providence College）政治科学副教授，也是2020—2022年的安德鲁·卡内基学者（Andrew Carnegie Fellow），以及气候与社区项目（Climate + Community Project）的成员。——译者注

[4] 参见 Aronoff et al., *A Planet to Win*。在他们关于"绿色新政"的论述中，这些作者也借鉴了最初的"新政"（罗斯福新政），就像我们在这里所做的一样。

强调就业保障的重要性,但她们也非常明白当代工作场所的弊端——"(当代)工作场所的主导地位仍然束缚着我们的自由"[1]——并看到了把缩短工时纳入绿色新政策略的显而易见的好处:

> 在激进的绿色新政下,如果效率的提高和自动化由人民而非老板控制,我们完全可以在比现在少得多的工作时间内满足所有人的需求——我们也应该这样做。一项项研究都表明了缩短每周工作时间可以降低碳足迹——越短越好。为了减碳,我们应该减少工作,并更均匀地分配余下的工作。[2]

不同于为了维持工作岗位和薪资而降低一些人的工作时间(在资本主义衰退或萧条时期常见的传统经济方案),减少工作时间后,工作可以分配给所有工作者,这样一来,既避免了一些人失业和就业不足,也使所有人的闲暇时间更加充裕了。这样的策

---

1 Ibid., p. 7.

2 Ibid., p. 91.

略还有助于必要的劳动力转型,使他们从需要逐步淘汰的资源密集型产业转向更具可持续性的工作形式。

如果我们要提供一种新的政治经济体系——一个致力于实现社会和环境正义的体系——绿色新政就不仅要促进就业安全、提高薪水,还应当降低我们的工作时间:"重新定义工作至关重要——减少工作也是。"[1]绿色新政是重塑经济的机会,能够将劳动者视作完整、全面的人,其能力远远超越了枯燥重复的工作生活。总的来说,缩短每周工作时间为绿色新政注入了任何政治议程的关键的一个元素:对更好生活的希望和憧憬。环保运动尚未充分利用这个巨大的契机。[2]在此,我们想再重复一遍凯特·阿罗诺夫和她的同路人们所说的:

---

[1] Ibid., p. 89.

[2] 凯特·索珀(Kate Soper)关于消费主义及其不满的研究涉及类似的主题,参见 Soper, K, "Alternative Hedonism, Culture Theory and the Role of Aesthetic Revisioning", *Cultural Studies*, 22: 5, 2008, 567-7; 以及 "The interaction of policy and experience: an 'alternative hedonist' optic", in: M. Koch and O. Mont, eds. *Sustainability and the Political Economy of Welfare* (London: Routledge, 2016) pp. 186-200。在索珀最近的著作《后增长生活:追求一种替代享乐主义》(*Post-Growth Living: For an Alternative Hedonism*, London: Verso, 2020)中,她论证了一种"替代性享乐主义"的理念,以引导人们的欲望,从而摆脱对电子设备、"快时尚"和不健康消费习惯的依赖。

"零碳休闲"(Carbon-free leisure)不仅仅是健康有益的爱好,比如远足和园艺——我们还坚定地相信环境友好型的享乐主义。我们需要更多时间,和朋友享用丰盛晚餐,共饮有机葡萄酒;开启户外冒险,并搭配由待遇良好的农民培育的休闲用大麻;以及在倒映着月亮和星光的湖中畅快潜游。[1]

缩减每周工作时间必须成为后碳经济中的关键元素。原因有二:一,它是减少碳排放的低成本、高效益的工具;二,它将明显提升人们的工作和生活质量。在这个意义上,主张更少工作的绿色新政既必要,又富有吸引力。

---

1 Aronoff et al., *A Planet to Win*, p. 92.

5

争取缩短工作周的斗争

> 工人从来都不只是单纯的无产者……工人也是父母,关心着孩子的未来;工人也是男人和女人,关心着自己为人的尊严、自主权和成长;工人也是你的左邻右舍,关心着所处的社区;工人还是心怀同情的人,关心着社会正义、公民权益和自由。[1]

面对毁灭性的新冠肺炎大流行后出现的多重危机,为了避免可能导致的大规模失业,世界各国政府都在寻求部署有针对性的减少工作时间的计划。仅以德国的"短时工作"("Kurzarbeit")计划为例就能体现出这类计划有多么地应景。它使得平常的劳动时间得以暂时性减少,以应对企业内劳动力需求的大幅下降。在危机期间,该计划向工时减少的工人提供最少60%的工资损失。国际货币基金组织(IMF)将此政策描述为全世界"此类计划的黄金标准"("the gold standard of

---

[1] Bookchin, M., *The Ghost of Anarcho-Syndicalism* (1992). 可查阅 http://www.dwardmac.pitzer.edu/anarchist_archives/bookchin/ghost2.html。

such programs")。[1]

然而,虽说应该欢迎这些计划,因为它们可以在短期内避免失业、保留工作,但如果把它作为进一步推动变革的样板,其长期可行性便要打个问号了。1930年代的大萧条就是明证。在那时,美国推行了减少工作时间的计划,试图缓解大规模失业现象。历史学家本杰明·亨尼克特(Benjamin Hunnicutt)指出,1930年代,罗斯福政府制定的工作时间35小时计划,是在经济层面为了避免失业威胁的、预防性的权宜之计。一旦经济危机有所缓解,就会重新增加工作时间。[2] 工业资本家们渴望着能尽快重返"正常"的工作时间——他们认为这一时期休闲时间的增加,有可能会削弱工作作为"生活中心"的地位。[3] 如亨尼克特所写:

---

[1] IMF, "Kurzarbeit: Germany's Short-Time Work Benefit", 2020. 可查阅 http://www.imf.org/en/News/Articles/2020/06/11/na061120-kurzarbeit-germanys-short-time-work-benefit。

[2] Hunnicutt, B., *Work Without End: Abandoning Shorter Hours for the Right to Work* (Philadelphia: Temple University Press, 1988).

[3] 这与英国政府的因新冠肺炎大流行而推出的休假计划和其他措施有明显的相似之处。2020年4月,保守党大臣伊恩·邓肯·史密斯(Iain Duncan Smith)反对一项保障全民基本收入的举措,因为这会"打击工

虽然注意到休闲有助于促进消费，但福特和考德里克（Cowdrick）等资本家、以及胡佛委员会（Hoover Committee）仍然重申，他们坚信工作曾经是、以后应继续是人们生活的中心。例如，福特在赞美休闲对于经济的重要作用的同时，也警告道，"缩短每天和每周工作时间固然有其人道的一面，但总是执着于这个问题，容易引来不断的麻烦，因为那样会把休闲置于工作之前，而它本来应该位于工作之后的。"[1]

一旦经济危机的低谷远去，35小时的周工时计划马上就被叫停了，在接下来两年中，美国的平均周工时又上升到了45小时。自治智库在其关

作积极性"。这一回应代表了议会议员的共同担忧，即经历了新的福利措施和工作实践之后，公众的舆论会发生改变；在新冠肺炎大流行之后尽快恢复"正常"成为当务之急，甚至不顾众所周知的健康风险。参见 "Coronavirus: Iain Duncan Smith says don't bring in universal basic income during pandemic as it would be 'disincentive to work'", *Independent*, 2020。可查阅 http://www.independent.co.uk/news/uk/politics/coronavirus-uk-update-universal-basic-income-iain-duncan-smith-a9411251.html。

[1] Hunnicut, *Work Without End*, p. 46.

于这段历史的研究中明确指出，此类计划还有很多类似的例子，它们都是为了在危机时期保护就业而实施的，一旦正常经济活动恢复，就会被弃之不顾。在英国，情况一有好转，1847年减少工作时间的法令就被废除了，直到近30年后，每天最多工作10小时的立法才最终落地。[1]

重要的历史经验是，为了实现社会变革，需要动员各种各样的行动者和战略。要实现可持续的、长期的工作时间缩短，并没有什么灵丹妙药：需要各方提出诉求。

社会运动：少工作可以拯救地球和我们的未来

正如本书所探讨的那样，从根本上说，为自由时间而战也是为环境和社会正义而战。因此，对于当代社会运动来说，至关重要的是，将呼吁全面减少工作时间的政治诉求吸收、纳入自身议程。

"反抗灭绝"（Extinction Rebellion，简称XR）是一个通过直接行动解决气候不公的当代社会运

---

[1] Jones, "What Can 19th Century Labour Activists Teach Us?".

动。自 2018 年 11 月在伦敦举行抗议活动以来,"反抗灭绝"封锁了横跨泰晤士河的几条主要路线,试图使首都陷入停顿,它采用非暴力反抗策略,目的不仅是关闭主要的基础设施、造成尽可能多的破坏,还积极寻求警方的大规模逮捕。[1] 我们不打算评估"反抗灭绝"直接行动的优缺点,[2] 但这场运动最近失去公众支持的原因之一,就是除了反对,它似乎无法明确提出什么战略愿景。气候营(Climate Camp)和占领运动(Occupy)的失败说明,仅仅让社会暂停正常运转是不够的。政治诉求需要以阶级斗争的形式表达出来,这种斗

---

[1] "只有通过破坏、违法行为,你才能获得你需要的关注……只有通过牺牲——拥有被捕和入狱的意愿——人们才会认真对待你所说的话。而且……只有通过尊重自己、公众和警察,我们才能改变对手的心灵和思想"——在接受《卫报》采访时,XR 创始人之一罗杰·哈勒姆(Roger Hallam)概述了他们行动策略的逻辑,而这也导致他们遭到大规模的逮捕。可查阅 http://www.theguardian.com/commentisfree/2019/may/01/extinction-rebellion-non-violent-civil-disobedience。

[2] 对 XR 策略方针的直接批评,参见 James Butler's "The Climate Crisis Deserves More Than Blocking Roads, Extinction Rebellion", *The Guardian*, 2018。可查阅 http://www.theguardian.com/commentisfree2018/nov/26/climate-crisis-blocking-roads-extinction-rebellion-labour;以及 "Out of the Woods" 的一篇博文,标题为 "Extinction Rebellion: Not the Struggle We Need Part. 1", 2019。可查阅 http://www.libcom.org。

争不仅要唤醒和回应人民对社会不公的感受，还要激发他们对美好未来的憧憬——这种憧憬应该直接指向人们日常生活的改善。

因此，缩短每周工作时间的诉求可以成为一个平台，在此基础上凝聚集体组织和罢工行动。1975年10月24日，在冰岛发生的"长星期五"（"Long Friday"）的事件中，我们看到了这一振奋人心的效果。那是"联合国妇女十年"（UN decade for women）的第一天，冰岛女性集体休息了一天，既不上班，也不做无薪家务，以此向冰岛男性展示妇女在家庭和公共工作场所所面临的经济和社会不公。[1] 九成冰岛女性参加了这次罢工，全国各地举行了20次集会（最大的一次是在雷克雅未克，有2.5万名女性参加——对于一个只有22万人口的国家来说，这是一个难以置信的数字）。

这一集体行动的政治影响十分显著，直到今天仍然能在该国感受到。一年后，冰岛通过了《性

---

1 如今也有类似的倡议，例如女性罢工集体 http://www.womenstrike.org.uk。

别平等法》(Gender Equality Act),宣布工作场所和学校的性别歧视是非法的。[1] 此外,该运动的主要组织者之一维格迪斯·芬博阿多蒂尔(Vigdis Finnbogadottir),成为了世界上第一位女性民选国家元首。[2]

今天,全球范围内出现了许多类似于"长星期五"的气候罢工抗议活动,我们正目睹着它们的兴起。在"星期五为未来"("Fridays for Future")的旗帜下,这场日益壮大的运动见证了世界各地的孩子们在星期五走上街头,他们呼吁人们重视气候危机,同时关注政治家在解决气候危机时的不作为,认为这造成了社会不公。我们应该从"长星期五"罢工和"星期五为未来"运动所创造的政治势头中汲取灵感,与世界各地的学生联合起来以后,集体罢工将能够彰显劳动的重要价值,并且公开收回一个工作日,这一天将

---

[1] Perez, C., *Invisible Women: Exposing Data Bias in a World Designed for Men* (London: Chatto & Windus, 2019), p. 69.

[2] Ibid., p. 70.

用于争取各种形式的社会正义。[1]

要赢取减少工作时间的斗争,部分在于改变人们对"工作日"的感觉。虽然对世界上许多人来说,一个轻松的星期六再正常不过了,但我们需要认识到,事情并不总是如此,其实这是一个历史性的成就。即使是在20世纪初,大多数劳动者也不能享受我们现在习以为常的双休日。如果没有工会和社会运动持续游说,为工人连休两天的权力而展开艰苦的政治斗争,并将这一权利政治化,就不会有今天常态化的双休日。

星期五不上班之于21世纪,就像双休日之于20世纪工人运动的意义一样。然而,今天的斗争不再局限于工厂车间,而是必须在所有社会领域进行,例如重新认识和改变女性在家庭中的无偿劳动现状,以及我们在校学生的未来。

---

1 Frey, P. and Schneider, C., *The Shorter Working Week: A Powerful Tool to Drastically Reduce Carbon Emissions* (Hampshire: Autonomy, 2019). 可查阅 http://www.autonomy.work。

工会：该重新激活它们的昔日辉煌了

在追求缩减工作时间的历史进程中有一个共同的主线，就是工会发挥了它的宝贵作用。罗伯特·斯基德尔斯基（Robert Skidelsky）指出：工作时间大幅减少的时期与工会力量增长的时期是相吻合的。[1] 在 1919 年之前，英国的每周工作时间在 50 ~ 60 个小时之间。在 1890 年代，缩短每周工作时间的运动开始蓬勃发展，到 1910 年，超过 110 万英国工人每周工作 48 小时。[2] 1914 年，"一战"爆发后，工会方面态度软化，允许政府增加工作时间以支援战争。然而，这是有条件的，即之后立即在全国范围内实行较短的每周工作时间。工会大会（Trades Union Congress，简称 TUC）记录显示："1919 年，在史上第一个关于工作条件

---

[1] Skidelsky, R., *How to Achieve Shorter Working Hours* (London: Progressive Economy Forum, 2019). 可查阅 http://www.progressiveeconomyforum.com/wp-content/uploads/2019/08/PEF_Skidelsky_How_to_achieve_shorter_working_hours.pdf。

[2] Scott, P. and Spadavecchia, A., "Did the 48-Hour Week Damage Britain's Industrial Competitiveness?", *Economic History Society* 64: 4, 2011, 1266-88, at 1269.

的国际公约中，8小时工作日和48小时工作周得以确立。"[1]

工会的影响力日益增强，其会员的工作条件得到改善，这使得会员人数激增，到1920年达到了830万人。虽然其他工业国家也经历过类似的工作时间缩短的情况，但英国的工会在这方面的行动是独一无二的。正如决议基金会（Resolution Foundation）的一份报告所指出的，1919年平均工作时间最大的一次缩减是工会运动多年来大规模集体谈判协商的结果。[2] 随着工会运动对缩短工作时间这一事业的领导，雇主和政府发现延长工作时间变得越来越困难。1919年的乔治广场战役（The battle of George Square）和1926年的全国大罢工都表明了有组织的劳工可以多有力量，彰显了工会在工作场所内外为工人自由而战的意愿。

自1980年代以来，英国工会会员的数量一直在稳步下降。针对组织起来的工人，撒切尔夫人

---

[1] TUC, "The TUC Workplace Manual 2016", 2016. 可查阅 http://www.tuc.org.uk/resource/tuc-workplace-manual-2016, p. 1。

[2] Bangham, G., *The Times They Aren't a-Changin'*, p. 3.

采取了反革命的新自由主义政策，其影响至今仍在持续。截至 2016 年，只有 16% 的英国私营部门工人受到集体谈判协议的保护。[1] 新自由主义政策毫不留情地削弱了工会的力量，这是使缩短工作时间的运动脱离工会影响的一个关键因素。反工会法和一代人中最右翼的保守党政府结合在一起，乍看之下，这似乎不是工会运动复兴最有利的土壤。然而，我们已经开始看到了工会运动复苏的迹象。2019 年，工会会员人数净增 9.1 万人，这是工会会员人数在多年下降后连续第三年出现增长。[2] 2019 年的数据还显示，在英格兰、威尔士和苏格兰，公共和私营部门的会员人数都有所增加。[3] 工会在实施和维持"无薪假"（furlough）方案上发挥了关键作用，这也在向公众强调，在经济衰退、经济危机时期，工会在保护就业方面可以发挥重要作用。

1　ETUI, 2016, cited in Skidelsky, R., *How to Achieve Shorter Working Hours*, p. 22.

2　National Statistics, "Trade Union Membership, UK 1995—2019: Statistical Bulletin", 2019. 可查阅 http://www.assets.publishing.service.gov.uk, p. 5。

3　Ibid., p. 18.

疫情固然为工会提供了成长的机会，并在短期内为保护就业和民生发挥了关键作用，但我们的工作方式所面临的深刻的技术和环境挑战，要求工会具备长期战略。爱丽丝·马丁（Alice Martin）和安妮·奎克（Annie Quick）在《工会重建》（*Unions Renewed*）[1]中主张，气候变化和自动化带来了威胁，这要求工会从被动反抗（例如抵制自动化造成的失业）转变为主动出击，即研究让技术在经济社会层面惠及普通职工的途径。[2]呼吁减少工会成员的工作时间，这既回应了技术威胁和环境难题，又复兴了工会赢得自由时间斗争的光荣历史。

例如，通信工人工会（The Communication Workers Union，简称CWU）在最近接过了接力棒。它代表超过13.4万名邮政工人，主张到2021年将每周工作时间从39个小时逐步减少到35个小时，同时为其成员保留相同的工资。他们认为，自动

---

[1] Martin, A. and Quick, A., *Unions Renewed: Building Power in an Age of Finance* (Cambridge: Polity Press, 2020).

[2] Ibid., p. 130.

化改造了许多包裹处理设施,提高了生产率,这部分收益不应该由股东独享。在爱尔兰,福尔萨工会最近呼吁在各行各业中实行一周4天工作制,同时工人薪资保持不变。这在一定程度上是对"科技创新和工作组织改进能够促进生产力水平提高"的回应。[1]

德国第二大工会威尔第(Verdi)最近开启了公共交通工人的集体谈判进程。谈判的一部分内容是开展一项运动,将工作时间普遍减少到每周35小时。[2]

因此,至关重要的是工会要结成国际联盟来努力争取自由时间,以便在21世纪实现工作时间的缩减。正如马丁和奎克所强调的,在多重危机面前工会的诉求要从保卫工作转向维护"工人从劳动中解放、增加闲暇时间"的自由,这代表了

---

[1] Callinan, K., "General Secretary, Fórsa 4-Day Week Ireland Launch Thursday 26th September 2019", Fórsa, 2019. 可查阅 http://www.forsa.ie。

[2] Harper, A., "Achieving a Shorter Working Week Across Europe, Newsletter of the European Network for the Fair Sharing of Working Time", *New Economics Foundation*, 2020. 可查阅 http://www.neweconomics.org/uploads/files/workingtime-newsletter5.pdf。

工会诉求的重大转折。[1]

政党：构建权力，提供希望

在 2019 年工党代表大会上，时任影子大臣的约翰·麦克唐奈宣布了该党的官方政策，即在未来十年内争取向一周工作 32 小时转变。在此，工党领导层采取此类政策表明了一种在战略上急需超越 2017 年竞选宣言的需要。记者乔治·伊顿（George Eaton）称，更短的工作周和绿色新政等政策是"科尔宾主义 2.0"（Corbynism 2.0）的产物：这是一项经济和社会计划，它不仅尝试着要废除新自由主义，而且还要创造、传播适合 21 世纪的社会主义新愿景。[2]

然而，同年晚些时候，科尔宾（Corbyn）和麦克唐奈在大选中惨败，二人勾勒的激进经济和社会计划受到重新审视。尽管工党在选举中的糟

---

[1] Martin and Quick, *Unions Renewed*, p. 131.

[2] Eaton, G., "Corbynism 2.0: the radical ideas shaping Labour's future", *New Statesman*, 2018. 可查阅 http://www.newstatesman.com/politics/uk/2018/09/corbynism-20-radical-ideas-shaping-labour-s-future。

糟表现主要是由于其脱欧立场和科尔宾作为领导人不受欢迎的局面,[1] 但政治评论员和劳工活动家还是开始质疑,该党在执政后能否兑现其竞选宣言中的承诺。其缩短每周工作时间的政策、国民医疗服务和免费的网络宽带服务缺乏任何总体框架,导致选民认为这是一系列无法兑现的个人选举承诺:

> 单个政策受欢迎没什么用,除非公众能接受整体方案。在工党的案例中,人们不相信该党有能力兑现其满满一箩筐的承诺。事实上,当工党承诺4天工作制、免费宽带,还许诺为"反对国家养老金不平等的女性"(Women Against State Pension Inequality,简称WASPI)提供580亿英镑补偿时,公众便对其无底线般

---

[1] 关于大选失败的详细分析,以及英国脱欧和科尔宾作为领导人的不受欢迎是如何导致大选失败的,可参见保罗·梅森(Paul Mason)的《左派、党派与阶级》(The Left, The Party & The Class: An Essay on the Future of the Labour Left)。可查阅 http://www.medium.com/@paulmasonnews/the-left-the-party-and-the-class-1ca7b6a959e6。

的慷慨感到迷惑。[1]

大选失利，科尔宾和麦克唐奈也分别离开了党魁和影子大臣的位置，这对许多希望工党政府致力于在工作时间议题上采取激进政策的活动家和社会运动积极分子来说，是一个重大打击。此外，大选中的互相指责和党内严重分裂的结果表明，这些政策遭到了否定，被视为在战略上"幼稚""缺乏民意基础"，或者是工党只应在经济繁荣时期追求的经济"奢侈品"。未来，"在新管理模式下"，工党似乎倾向于变得折中，远离了此前竞选宣言中更"激进"的内容。

但这种说法掩盖了两个重要事实：首先，历史上最大幅度的工作时间缩减并不是发生在经济繁荣时期，而是在两次灾难性的世界大战之后。认为我们只有到了经济复苏的时候才能提高生活水平，获得更多的自由时间，这是一个我们经常

---

1 Eaton, G., "Why Labour lost – and how it can recover from an epic defeat", *New Statesman*, 2019. 可查阅 http://www.newstatesman.com/politics/uk/2019/12/why-labour-lost-and-how-it-can-recover-epic-defeat。

落入的思维陷阱。我们必须质疑而非接受这种思维方式。我们的经济活动带来了巨大的财富,但财富的分配却糟糕得难以置信:12%的家庭拥有着约50%的私人财富(7万亿英镑),英国在经济合作与发展组织收入分配最不平等的国家中排名第九。[1]

其次,前述政策非但没有同科尔宾主义一起被埋葬,反而仍然大受欢迎,而且现在似乎在各个进步派别中得到了越来越多的政治支持。在2020年夏天进行的民意调查表明,人们并不认为每周工作4天过于激进,事实恰恰相反:减少工作对工人和企业来说都在逐渐成为共识。公众当中,63%的人支持每周工作4天,只有12%的人反对。此外,57%的保守党选民和70%的工党选民支持这项政策。[2]在询问515名企业家是否支持每周工作4天时,79%的人回答说,他们对这一想法持"相

---

1 ONS, "Total Wealth in Great Britain"; OECD, "Income Inequality", 2020. 可查阅 http://www.data.oecd.org/inequality/income-inequality.htm。

2 Survation, "UK polling: 63 per cent support government exploring the idea of a four-day week", Autonomy, 2020. 可查阅 http://www.autonomy.work/portfolio/4dayweekpolling。

当开放"或"非常开放"的态度,只有17%的人对此持否定态度。[1]

无论在英国,还是在国外,缩短每周工作时间的呼声都得到了所有进步党派的支持。疫情期间,苏格兰首席大臣尼古拉·斯特金(Nicola Sturgeon)意识到了员工的照护负担加剧,于是呼吁企业允许员工每周工作4天,但工资不受影响。[2] 其他著名的自由派政治家,如新西兰总理雅辛达·阿德恩,芬兰总理桑娜·马林,也表示支持实行4天工作制,以加强灵活工作制,并为实现工作与生活更加平衡而创造更好的社会条件。[3]

不难预料,伯尼·桑德斯(Bernie Sanders)

---

1 Survation, "Polling of UK business leaders: 79 per cent are supportive of a four-day working week", Autonomy, 2020. 可查阅 http://www.autonomy.work/portfolio/business4daypolling。

2 Andrews, K., "Coronavirus in Scotland: Nicola Sturgeon calls for four-day week as she eases lockdown", *The Times*, 2020. 可查阅 http://www.thetimes.co.uk/article/coronavirus-in-scotland-nicola-sturgeon-calls-for-four-day-week-as-she-eases-lockdown-782cbnl6k。

3 有关阿德恩和马林主张实行4天工作制的媒体报道可分别查阅 http://www.theguardian.com/world/2020/may/20/jacinda-ardern-flags-four-day-working-week-as-way-to-rebuild-new-zealand-after-covid-19;以及 http://www.lbc.co.uk/news/finlands-prime-minister-sanna-marin-proposes-four。

和亚历山德亚·奥卡西奥－科尔特斯等知名社会主义者也发言支持缩短每周工作时间的政策方案，以促进工人权利。[1] 西班牙副首相巴勃罗·伊格莱西亚斯（Pablo Iglesias）的提案更为具体，他宣布，联合政府尝试把每周工作时间缩短为4天，[2] 西班牙劳工部（Spanish Ministry of Labour）将考虑为希望缩短工作时间的试点公司提供补贴。[3]

的确，工党很难既有效又可行地概括和传播其竞选宣言，但左翼在最近的选举中却遭到了所谓"进步多数"（"progressive majority"）的政治中间派的

---

[1] 桑德斯对削减工时的开放态度可参见以下新闻报道 http://www.businessinsider.com/4-day-workweek-for-americans-bernie-sanders-2020-campaign-2019。

亚历山德里亚·奥卡西奥－科尔特斯在 Instagram 上向她的粉丝们发布了一条帖子，讨论了每周4天工作制的好处，以及凯恩斯关于2030年每周15小时工作制的预测（遗憾的是，她弄错了凯恩斯的名字）。视频地址 http://www.youtube.com/watch?v=76ULzCyzCqs。

[2] Orihuela, R., "Spain's Government Is Studying a Four-Day Work Week", *Bloomberg*, 2020. 可查阅 http://www.bloomberg.com/news/articles/2020-12-03/spain-government-studying-4-day-work-week-deputy-pm-tells-rtve。

[3] Stone, J., "Spain's left-wing government could help companies switch to four-day working week", *The Independent*, 2020. 可查阅 http://www.independent.co.uk/news/uk/politics/four-day-week-spain-valencia-autonomy-b1761163.html。

无情敌视¹，这揭示了中间派立场的盲目和强硬。现实是，即使科尔宾的工党或桑德斯担任总统的民主党赢得了各自的选举，他们也只是执政而不是掌权。杰里米·吉尔伯特（Jeremy Gilbert）提醒我们，如果没有"大规模的工人、公民和活动家运动来支持，并在媒体上挑战它的对手，且愿意抵制资本家的经济勒索"，左翼政府就无法实施成功的改革计划。²

即使是最乐观的科尔宾或桑德斯的支持者也不得不承认，由于新自由主义霸权40年来所积聚的资本主义力量十分强大，推行他们各自的政策议程将非常艰难。吉尔伯特雄辩地指出："重要的

---

1 当时的自由民主党领袖乔·斯文森（Jo Swinson）拒绝接受在2019年大选中与科尔宾领导下工党达成任何正式协议，参见 "Jo Swinson rules out Lib Dem pact with Labour under Jeremy Corbyn", *The Guardian*, 2019。可查阅 http://www.theguardian.com/politics/2019/jul/23/jo-swinson-rules-out-lib-dem-pact-with-labour-under-jeremy-corbyn。绿党也在他们几乎没有胜算的席位上为候选人站台，因为他们知道这很可能导致工党失去席位并将其拱手让给保守党。参见 Boobyer, L., "Political rivals boo and shout 'shame' at Green Party candidate Molly Scott Cato during speech", *GloucestershireLive*, 2019. 可查阅 http://www.gloucestershirelive.co.uk/news/gloucester-news/political-rivals-boo-shout-shame-3640317。

2 Gilbert, J., *Twenty-First Century Socialism* (Cambridge: Polity Press, 2020), p. 85.

不是谁执政，而是社会力量的总体平衡。"[1]因此，必须以相辅相成的方式将4天工作制等激进主张纳入权力建设之中：起初，这一要求将激起劳动者对于巨大利益的向往，但接下来要取得进展，基层社会运动和工会的支持便不可或缺，以为其筑起后盾。有了这种民意压力，我们的目标是迫使中左翼政党不仅在选举中将减少工作时间作为政策领域之一，而且要在总理任期内都支持和维护这一方针。[2]

因此，争取缩短每周工作时间的斗争只能是一场斗争。左翼政党必须通过其成员、活动家、进步智囊团和新闻记者，使激进的政策议程得以延续，而争取自由时间的斗争会通过在工作场所乃至整个社会获取权力而取得胜利。如上所述，这场变革的参与者将不仅仅是工会，还包括社会运动和那些敏锐地意识到我们所处的历史时刻的政治家。通过

---

[1] Ibid.
[2] 从这个意义上说，科尔宾主义的成功（在其失败中）之一就是在几代人中首次将减少工作时间提上了主流议程（并写入了宣言）。对其政治重要性而言，这可以说是发令枪，而不是葬礼。

传播和建立一种崭新的未来叙事——基于可持续发展、性别平等、人类繁荣,以及我们最重要的自由,我们的职业生活将迎来下一次重大变革。

图书在版编目（CIP）数据

星期五不上班/（英）威尔·斯特朗，（英）凯尔·刘易斯著；重命名小组译. -- 上海：上海文艺出版社，2025. -- ISBN 978-7-5321-9199-4

Ⅰ.B849

中国国家版本馆CIP数据核字第202579PQ27号

责任编辑：佘静双
特约编辑：王文婷
版式设计：张　晗
内文制作：重庆樾诚文化传媒有限公司

书　　名：	星期五不上班
作　　者：	［英］威尔·斯特朗　［英］凯尔·刘易斯
译　　者：	重命名小组
出　　版：	上海世纪出版集团　上海文艺出版社
地　　址：	上海市闵行区号景路159弄A座2楼 201101
发　　行：	上海文艺出版社发行中心 上海市闵行区号景路159弄A座2楼206室　201101　www.ewen.co
印　　刷：	上海盛通时代印刷有限公司
开　　本：	787×1092　1/32
印　　张：	4.625
字　　数：	66千字
印　　次：	2025年2月第1版　2025年2月第1次印刷
ＩＳＢＮ：	978-7-5321-9199-4/C.114
定　　价：	38.00元
告读者：	如发现本书有质量问题请与印刷厂质量科联系　T：021-37910000

Overtime: Why We Need a Shorter Working Week, by Will Stronge and Kyle Lewis, ISBN: 9781788738682

First published by Verso 2021
© Will Stronge and Kyle Lewis 2021
All rights reserved.

Simplified Chinese translation copyright © 2025 by Chongqing Yuanyang Culture & Press Ltd.
All rights reserved.

版贸核渝字（2024）第 036 号